REIKI DO

O CAMINHO DO REIKI É CONSTRUIR-SE.
CUIDAR DE SI, DOS OUTROS E DO MEIO AMBIENTE

Editora Appris Ltda.
1.ª Edição - Copyright© 2019 dos autores
Direitos de Edição Reservados à Editora Appris Ltda.

Nenhuma parte desta obra poderá ser utilizada indevidamente, sem estar de acordo com a Lei nº 9.610/98. Se incorreções forem encontradas, serão de exclusiva responsabilidade de seus organizadores. Foi realizado o Depósito Legal na Fundação Biblioteca Nacional, de acordo com as Leis nos 10.994, de 14/12/2004, e 12.192, de 14/01/2010.

Catalogação na Fonte
Elaborado por: Josefina A. S. Guedes
Bibliotecária CRB 9/870

M625r
2019
	Mick, Walter H.
	    Reiki do: o caminho do reiki é construir-se. Cuidar de si, dos outros e do meio ambiente / Walter H. Mick. - 1. ed. – Curitiba : Appris, 2019.
	    133 p. ; 21 cm - (Artêra)
	
	    Inclui bibliografias
	    ISBN 978-85-473-3644-8
	
	    1. Reiki (Sistema de cura). 2. Cura pela mente. 3. Medicina energética I. Título. II. Série.
	
	                                                                          CDD – 615.852

Editora e Livraria Appris Ltda.
Av. Manoel Ribas, 2265 – Mercês
Curitiba/PR – CEP: 80810-002
Tel. (41) 3156 - 4731
www.editoraappris.com.br

Printed in Brazil
Impresso no Brasil

Walter H. Mick

REIKI DO

O CAMINHO DO REIKI É CONSTRUIR-SE.
CUIDAR DE SI, DOS OUTROS E DO MEIO AMBIENTE

FICHA TÉCNICA

EDITORIAL	Augusto V. de A. Coelho
	Marli Caetano
	Sara C. de Andrade Coelho
COMITÊ EDITORIAL	Andréa Barbosa Gouveia (UFPR)
	Jacques de Lima Ferreira (UP)
	Marilda Aparecida Behrens (PUCPR)
	Ana El Achkar (UNIVERSO/RJ)
	Conrado Moreira Mendes (PUC-MG)
	Eliete Correia dos Santos (UEPB)
	Fabiano Santos (UERJ/IESP)
	Francinete Fernandes de Sousa (UEPB)
	Francisco Carlos Duarte (PUCPR)
	Francisco de Assis (Fiam-Faam, SP, Brasil)
	Juliana Reichert Assunção Tonelli (UEL)
	Maria Aparecida Barbosa (USP)
	Maria Helena Zamora (PUC-Rio)
	Maria Margarida de Andrade (Umack)
	Roque Ismael da Costa Güllich (UFFS)
	Toni Reis (UFPR)
	Valdomiro de Oliveira (UFPR)
	Valério Brusamolin (IFPR)
ASSESSORIA EDITORIAL	Alana Cabral
REVISÃO	Andrea Bassoto Gatto
PRODUÇÃO EDITORIAL	Lucas Andrade
DIAGRAMAÇÃO	Bruno Ferreira Nascimento
CAPA	Fernando Nishijima
COMUNICAÇÃO	Carlos Eduardo Pereira
	Débora Nazário
	Karla Pipolo Olegário
LIVRARIAS E EVENTOS	Estevão Misael
GERÊNCIA DE FINANÇAS	Selma Maria Fernandes do Valle

Mais vale um espírito são num corpo doente do que um espírito doente em corpo são.

(Mikao Usui)

AVISOS IMPORTANTES

- A eventual expressão que se referir à palavra "cura" não possui relação com a medicina ou práticas médicas tradicionais, devendo ser entendida no sentido HOLÍSTICO-ESPIRITUAL, em que o bem-estar pressupõe ser consequência do equilíbrio e harmonia energético-espiritual.

- O praticante de Reiki não realiza tratamento médico, diagnóstico, prescrição e/ou administração de medicamentos, injeções, uso e manejo de instrumentos médicos nem análises.

- O Reiki não substitui nem contraindica cuidados médicos convencionais.

- Sempre que um "reikiano"[1] suspeitar da existência de alguma doença é indicado recomendar a procura de um médico, bem como ele não deve sugerir a interrupção de qualquer tipo de tratamento.

- Reiki não é religião e nem seita, não faz parte de filosofias extremistas.

- Lema do Reiki: "Nenhuma suspeita, nenhuma estranheza, nenhuma dificuldade".

- Reiki é prática integrativa em saúde humana, conforme Comissão Brasileira de Classificação – Concla – código 8690-9/12007 (Serviços de Reiki). Recentemente foi divulgado no Diário Oficial da União como parte das terapias reconhecidas e recomendadas para uso no Sistema Único de Saúde (SUS).

- O ensino do Reiki insere-se na categoria de CURSOS LIVRES, não estando sob a tutela do Ministério da Educação, inexistindo legalmente tal obrigatoriedade.

---

[1] É a palavra já consagrada e usada para definir a pessoa que trabalha com Reiki.

- O Curso Livre de Reiki é válido em todo o Brasil, com amparo legal no Decreto Presidencial n° 5.154, de 23 de julho de 2004, Art. 1º E 3º, e na Lei nº 9.394, que estabelece as Diretrizes e Bases da Educação Nacional, indicando que os Cursos Livres passaram a integrar a Educação Profissional.

Em primeiro lugar, temos de curar o espírito. Em segundo lugar, temos de manter o corpo saudável. Se o espírito é saudável e está em conformidade com a verdade, o corpo naturalmente será saudável.

(Mikao Usui)

AGRADECIMENTOS

Consciente ou inconscientemente, tive a colaboração de muitas pessoas ao longo das etapas de minha vida.

Aos familiares, Mestres e professores, desde os meus primeiros estudos até esta última etapa, quando mudei completamente o rumo de minhas escolhas para as áreas de Meditação, Yogaterapia, Psicologia Transpessoal, Fitoterapia, Valores Humanos e Psicoaromaterapia, entre outras áreas do desenvolvimento da consciência.

Em especial, aos Mestres do Reiki: Marcos A. Gomes, primeiro mestre a me orientar no caminho do Reiki no estilo ocidental, seguindo-se de Ana Aparecida, no ensinamento de Magnified Healing e outras linhas do Reiki, e, recentemente, ao mestre José Joacir dos Santos, que ministrou uma atualização do Reiki Ocidental linhagem de Chujiro Hayashi e Hawayo Hiromi Takata.

Agradeço a Alvaro Würth, responsável por um completo *upgrade* quando migrei para o estilo original Japonês, e Hiroshi Doi, com quem, definitivamente, completei meu aprofundamento de maestria nas origens japonesas da Escola Usui Reiki Ryoho Gakai, recebendo o título de Shihan na Escola Gendai Reiki Healing Kyokai.

Sinto-me quase completo na busca que realizo por aprofundar o Reiki como caminho de transformação e aprimoramento em direção ao alcance da Grande Paz espiritual, verdadeiro objetivo do Fundador do Reiki, Mikao Usui Sensei.

Minha profunda gratidão a Roseli, Francis e Caroline, por terem entrado em minha vida e "tolerado" a minha intensa dedicação quase que exclusivamente ao Reiki e, ainda, pela vivência, ensino e aprimoramento do uso ético do Reiki.

*A energia Universal **Rei** guiando a energia vital **Ki**.*

APRESENTAÇÃO

Este livro tem como propósito trazer uma abordagem focada nos objetivos básicos e originais ensinados pelo fundador do Reiki, que diz que antes de ser um terapeuta Reiki para cuidar de outras pessoas, é preciso cuidar de si mesmo.

O foco deste livro é, pois, uma caminhada de autotransformação para a saúde e a felicidade, por meio da preparação e da vivência pessoal, até se tornar um terapeuta que utiliza as práticas do Reiki para ajudar a terceiros.

O Reiki não pode ser praticado apenas com a leitura de livros e apostilas. É necessário receber pessoalmente a iniciação energética, por meio de um Mestre instrutor devidamente habilitado para isso. A Associação de Mestres e Terapeutas Reiki do DF, à qual estou filiado, não reconhece as iniciações coletivas ou a distância, pois as linhagens originais do Reiki só contemplam as presenciais e individuais.

Como este livro foi particularmente concebido com base na orientação primordial de Usui Reiki Ryoho, valho-me, muitas vezes, de informações destinadas a futuros terapeutas Reiki, estendendo-me a outros profissionais da saúde, especialmente aqueles que têm a mente aberta e livre e que desejam evoluir e aperfeiçoar seu caminho.

Procurei conservar ao máximo a fidelidade aos textos originais. Em algumas ocasiões necessitei me valer de adequações, informações ou ilustrações que, nesse caso, apresentam-se referenciadas ao longo desta obra e incluídas nas referências. Sinto-me honrado de poder fazer uso desse conhecimento e preservá-lo como me foi ensinado pelos meus Mestres.

Para aprofundar a compreensão e o uso dos ensinamentos desta obra, sugiro ao leitor que procure um professor treinado e certificado no sistema descendentes das linhagens de Usui Reiki Ryoho Gakkai.[2]

É benéfico e proveitoso compreender o contexto japonês no qual o Reiki surgiu, que, para nós ocidentais, pode ser completamente diferente. Apreciar como pensa uma cultura diferente da nossa, cuja natureza é buscar profundidade, enquanto nós, do ocidente, contentamo-nos em sermos superficiais e individualistas, pode ser vantajoso e trazer sabedoria, se aplicada em nossa sociedade no sentido ético.

Dessa forma, o Reiki é mais do que uma simples técnica de tratamento. Ele se torna um caminho de transformação interior, que contribui para o bem-estar e uma vida feliz. Ser um terapeuta Reiki é levar um percurso com alegria, para que sejam alcançados equilíbrio e harmonia. Porém o caminho não é simples e é por vezes desgastante. Sendo assim, antes devemos investir no estudo e no aprimoramento a correr para buscar ou somar informações.

Espero que a leitura seja repleta de ensinamentos para quem já pratica o Reiki em qualquer nível ou linhagem, bem como para quem está dando os primeiros passos com essa arte ou, ainda, terapeutas de outras áreas que pretendam utilizar o Reiki visando a integrar e complementar suas atividades profissionais.

---

[2] Refiro-me às três grandes correntes do sistema Usui Reiki: O Reiki Tradicional (que existe até] hoje na escola de Usui) o Reiki Ocidental (linhagem Chujiro/Takata) e Reiki japonês atual que pertence às escolas como Gendai Reiki Ho y Reido Reiki. É a fusão do Reiki Tradicional e do Reiki Ocidental.

PREFÁCIO

Este livro é um chamado. Um chamado para a correta prática do Reiki. Para isso, o incansável pesquisador e Mestre de Reiki, Walter H. Mick, recorre aos seus muitos anos de prática e ensino para nos apresentar os princípios, fundamentos e código de ética na aplicação dessa nobre e sagrada prática ancestral. Uma arte e, ao mesmo tempo, uma ciência. Essa abordagem é amplamente tratada neste livro.

Tanto o iniciante quanto o praticante avançado pode obter inúmeros benefícios ao estudar esta obra. A fundamentação científica está pautada nas devidas referências ao longo do texto. O Ocidente agora começa a validar as práticas complementares e o Reiki ocupa um lugar de destaque. Além de ser completamente natural, pois se vale apenas do contato das mãos para a energia cósmica fluir, ele também é científico, pois as inúmeras pesquisas em diferentes centros de pesquisa assim o comprovam.

O Reiki é inteiramente singular. Muitos tentam vincular diferentes técnicas a ele. Essa sobreposição não é adequada e deve ser conduzida de forma apropriada apenas por profissionais preparados. O Reiki não é manipulação de energia, pois não depende da energia do aplicador ou praticante; por outro lado depende da abertura e entrega do receptor. Ao final, já não há mais diferença entre quem o faz e quem o recebe. Praticante e receptor se tornam um só. A energia flui sem mistérios, sem suspeita e, principalmente, sem as barreiras do ego. Ao entrar no "estado de Reiki", o praticante transmite um estado de paz, de bem-estar e de harmonia. Tudo isso é saúde. Tudo isso é o caminho do Reiki.

Marcos Antonio Gomes
Educador e filósofo.

Sensei Shihan nos sistemas Gendai Reiki Ho e Komyo Reiki Do.

SUMÁRIO

1

INTRODUÇÃO 19
1.1 UMA VISÃO GLOBAL 21
1.2 USP REVELA 22
1.3 REFERÊNCIA PARA CONSULTAR PESQUISAS SOBRE REIKI 23

REIKI COMO CAMINHO 25
2.1 FUNDAMENTOS 27

3

COMPREENSÃO GERAL SOBRE REIKI 37
3.1 A PALAVRA REIKI 37
3.2 AS INICIAÇÕES 47
3.3 OS DESCAMINHOS 49
3.4 O REIKI SEM MITOS 52

4

O MÉTODO JAPONÊS 55
4.1 O RESGATE DA LINHAGEM ORIGINAL 56
4.2 APRENDIZAGEM 66

5

REIKI COMO TERAPIA 73
5.1 OBJETIVO DA TERAPIA REIKI 74
5.2 A TERAPIA NA FUSÃO DAS CULTURAS – OCIDENTE/ORIENTE .. 74
5.3 O TRATAMENTO 77
5.4 O ÂMBITO DA TERAPIA REIKI 83
5.5 PICS – PRÁTICAS INTEGRATIVAS E COMPLEMENTARES EM
SAÚDE 87

6

O TERAPEUTA REIKI **93**

6.1 O QUE É SER UM TERAPEUTA REIKI 94

6.2 O ESPAÇO 101

6.3 A PRÁTICA 105

6.4 PASSO A PASSO DE UM ATENDIMENTO REIKI 110

7

ORIENTAÇÕES AO FUTURO TERAPEUTA **117**

7.1 PERGUNTAS E RESPOSTAS SOBRE O CAMINHO TERAPÊUTICO . 118

7.2 ÉTICA NO REIKI 125

7.3 GLOSSÁRIO DE TERMOS JAPONESES 128

POSFÁCIO **131**

REFERÊNCIAS **133**

INTRODUÇÃO

Hoje existe muita informação sobre Reiki em livros revistas internet, nas diversas linhagens, e há muitas escolas e "mestres" que ensinam diversos métodos ou sistemas usando o nome "Reiki", cada um deles com sua própria filosofia e características. A grande maioria confunde Reiki com "uma terapia de imposição de mãos"; apesar de fazer sentido, "que se trata de um sistema de equilíbrio energético desenvolvido no Japão que transcende barreiras culturais e religiosas". Há aqueles que esperam milagres e os que o excomungam como algo que não seja "divino".

Porém, Usui Reiki Ryoho é muito mais, é um caminho de transformação interior que ajuda a aumentar nossa energia em todos os níveis do corpo, mente e espírito, e nos torna mais sensíveis amorosos e saudáveis. Ainda, contribui para o bem-estar e para se encontrar uma vida pacífica e feliz. Portanto promove harmonia, equilíbrio físico, mental e emocional.

Entendemos o Reiki como uma prática que eleva a espiritualidade, sendo muito útil em nossas vidas.

Nossa abordagem está baseada nas características de **Gendai Reiki Ho**, o método contemporâneo da linhagem mais próxima do fundador, Mikao Usui, no qual são aplicados os ensinamentos originais, cujo principal objetivo focalizava, inicialmente, no desenvolvimento espiritual, guiar para uma vida pacífica e feliz, curar a si mesmo, depois curar outros, para então se alcançar a felicidade. E o equilíbrio energético que daí surge trata-se de um aspecto decorrente, uma consequência natural.

Pretendemos oferecer informações e dar ênfase aos conhecimentos originais do fundador Mikao Usui Sensei, e valorizar a evolução natural da aprendizagem sobre o Reiki, cujo passo inicial é adquirir o conhecimento por meio da aprendizagem do nível 1, na qual se desenvolve a capacidade de aplicar o Reiki em si mesmo e em outras pessoas, plantas, animais e objetos. Um dos atrativos do Reiki está em ser um método que não requer conhecimento ou formação acadêmica prévia.

A porta de entrada do Reiki está aberta a todos. Naturalmente, o interessado precisa aprender e praticar. Como em qualquer domínio pessoal, o Reiki não "cai do céu", é uma consequência direta da sua prática. Uma das características do Reiki consiste em que, uma vez que se recebe a iniciação (preparação da frequência da energia no aluno), qualquer pessoa, com estudo e treinamento, pode aplicar e aperfeiçoar suas qualidades.

Desde o dia em que recebemos a iniciação do nível 1 é possível realizar tratamentos, inicialmente em nós mesmos, e mais tarde em outros, por meio do que popularmente denominamos "aplicar Reiki para equilíbrio e harmonia".

Depois que alguém aprende Reiki, os Mestres sugerem que pratique sempre que tenha ocasião de fazê-lo, assim pode sentir que o Reiki é a vibração e a luz do amor. Como iniciante, quanto mais praticar, mais o Reiki se tornará poderoso e sutil. A energia Reiki vai para onde seja necessário, na quantidade necessária, e no que se pode dizer melhor, mais poderosa.

No entanto é preciso certo poder como premissa básica para o equilíbrio energético. O fundador de Usui Reiki Ryoho, Mikao Usui, costumava dizer: *"Desenvolver-se como praticante de Reiki"*. Dessa forma, seu método se tornou público e, conforme sua afirmação: *"Para compartilhar a alegria, transmitindo-a para muita gente"*.

Quando os aprendizes se aprofundam nas práticas eles começam a caminhar para a própria felicidade. Além disso, começam a compreender, a partir de seu interior, que a utilização genuína do Reiki está em prestar ajuda através da prática e contribuir para a felicidade das pessoas que vão encontrando. Essa ideia se expressa em um de seus cinco princípios, *"Seja amável com os demais"*.

Nos seminários (cursos dados geralmente aos finais de semana), o aluno aprende a base do Reiki e suas técnicas, cujo propósito é despertar a capacidade de entrar em ressonância com a energia Reiki no cotidiano e aumentar ainda mais a própria vibração. O Mestre dá acompanhamento e orientações e esclarece dúvidas, enquanto seu aluno continua praticando até sentir que tudo se torna cada vez mais simples, cabendo a cada um não o tornar complicado.

1.1 UMA VISÃO GLOBAL

Reiki, recentemente recomendado para o SUS, é fundamentado no conhecimento oriental sobre a energia, oferecendo capacidade curativas inatas ou naturais do corpo. É um método que integra as práticas integrativas e complementares em que os praticantes utilizam as mãos (tocando levemente o corpo, ou alguns centímetros acima, na aura de uma pessoa), facilitando a resposta de cura da pessoa.

De acordo com a *Health, Interview Survey Nacional* de 2007, que incluiu uma ampla pesquisa sobre o uso de abordagens complementares de saúde pelos norte-americanos, mais de 1,2 milhões de adultos, 0,5 por cento da população adulta dos EUA tinha usado uma terapia de cura energética, tal como Reiki, no ano anterior.

Houve uma pesquisa clínica específica em Reiki. A investigação disponível examinou o uso de Reiki para condições como a fibromialgia, dor, câncer e depressão, e para o bem-estar geral, pois alguns estudos sugeriram ser o Reiki uma prática que pode ajudar nos com sintomas relacionados a essas condições.

Embora ainda exista uma ausência de pesquisa de alta qualidade para avaliar definitivamente a eficácia do Reiki para qualquer finalidade relacionada com a saúde, isso não acontece no Brasil.

1.2 USP REVELA

1.2.1 Energia liberada pelas mãos tem o poder de curar[3]

Um estudo desenvolvido recentemente pela Universidade de São Paulo (USP), em conjunto com a Universidade Federal de São Paulo (Unifesp), revela que a energia liberada pelo Reiki tem o poder da cura.

Todo o processo de desenvolvimento dessa pesquisa nasceu em 2000, como tema de mestrado do pesquisador Ricardo Monezi, na Faculdade de Medicina da USP, que foi finalizado com a tese de doutorado no primeiro semestre de 2017, quando a Unifesp manifestou a intensão de iniciar novas investigações a respeito dos efeitos do Reiki e práticas semelhantes.

Essa iniciativa de investigar quais seriam os possíveis efeitos da prática de imposição das mãos surgiu como disse: *"Este interesse veio de uma vivência própria, onde o Reiki (técnica) já havia me ajudado, na adolescência, a sair de uma crise de depressão".*

Segundo o cientista (que hoje é pesquisador da Unifesp), durante seu mestrado foram investigados os efeitos da imposição em camundongos, nos quais foi possível observar um notável ganho de potencial das células de defesa contra células tumorais. *"Agora, no meu doutorado finalizado na Unifesp, estudamos em seres humanos, não apenas os efeitos fisiológicos, mas também os psicológicos"*, completou.

---

[3] Fonte: disponível em: <http://www.teses.usp.br/teses/disponiveis/5/5160/tde-23092014-145211/pt-br.php >. Acesso em 04/07/19.

Muito embora a constatação no estudo de que o Reiki pode liberar energia capaz de produzir bem-estar foi possível porque a ciência atual ainda não possui uma precisão exata sobre esses efeitos. *"A ciência chama estas energias de 'energias sutis', e também considera que o espaço onde elas estão inseridas esteja próximo às frequências eletromagnéticas de baixo nível"*, explicou.

As sensações proporcionadas por essas práticas analisadas por Monezi foram: a redução da percepção de tensão, do estresse e de sintomas relacionados à ansiedade e depressão. *"O interessante é que esse tipo de tratamento oferece a sensação de relaxamento e plenitude, além de garantir mais energia e disposição"*.

No estudo de doutorado foram avaliados 44 idosos com queixas de estresse.

1.3 REFERÊNCIA PARA CONSULTAR PESQUISAS SOBRE REIKI

ASSEFI, N.; BOGART, A.; GOLDBERG, J. et al. Reiki para o tratamento da fibromialgia: um estudo controlado randomizado. *Jornal de Medicina Alternativa e Complementar*, 14 (9), p. 1.115-1.122, 2008.

LATORRE, M. A. O uso de Reiki em psicoterapia. *Perspectivas em Assistência Psiquiátrica*, 41 (4), p. 184-187, 2005.

LEE, M. S.; PITTLER, M. H.; ERNST, E. Uma revisão sistemática de ensaios clínicos randomizados: efeitos do Reiki na prática clínica. *International Journal of Clinical Practice*, 62 (6), p. 947-954, 2008.

MILES, P. Reiki para apoio mente, corpo e espírito dos pacientes com câncer. *Avanços em Medicina Mente-Corpo*, 22 (2), p. 20-26, 2007.

MILES P. Reiki é uma análise de uma história de terapia, teoria, prática e pesquisa. *Terapias Alternativas em Saúde e Medicina*, 9 (2), p. 62-72, 2003.

NIELD-ANDERSON, L.; AMELING, A. Reiki: uma terapia complementar para a prática de enfermagem. *Journal of Nursing Psicossocial.* 39 (4), p. 42-49, 2001.

RICHESON, N. E.; SPROSS, J. A.; LUTZ, K. et al. Efeitos do Reiki na ansiedade, depressão, dor e fatores fisiológicos de residentes na comunidade adultos mais velhos. *Pesquisa em Enfermagem Gerontologia .* 3 (3), p. 187-199, 2010.

PARA MAIS INFORMAÇÕES

A Câmara NCCAM fornece informações sobre as abordagens de saúde NCCAM e terapias complementares, incluindo publicações e pesquisas de bancos de dados federais de literatura científica e médica. A Câmara não fornece conselhos médicos, recomendações de tratamento ou referências para os profissionais. Ligação gratuita para os EUA: 1-888-644-6226. Web site: <www:nccam.nih.gov>. E-mail: info@nccam.nih.gov

PubMed ® - A serviço da National Library of Medicine (NLM), PubMed® contém informações, publicações e (na maioria dos casos) breves resumos de artigos de revistas científicas e médicas. Web site: <www.ncbi.nlm.nih.gov/PubMed>.

NIH Clinical Trials - O National Institutes of Health (NIH) criou um site, o NIH Clinical Trials pesquisa e você, para ajudar as pessoas a aprender sobre os ensaios clínicos, por que eles são importantes e indica como participar. O site inclui perguntas e respostas sobre ensaios clínicos, orientações sobre como encontrar ensaios clínicos por intermédio do ClinicalTrials. gov e outros recursos, e histórias sobre as experiências pessoais de participantes de ensaios clínicos. Os ensaios clínicos são necessários para encontrar melhores formas de prevenir, diagnosticar e tratar doenças. Web site: <www.nih.gov/health/clinicaltrials/>.

2

REIKI COMO CAMINHO

Gendai Reiki Ho é o ensinamento da aplicação de Reiki para os seres humanos contemporâneos que objetivam levar uma vida pacífica e plena. Não é uma técnica nova, mas uma aplicação nova para poder utilizar o Reiki como algo mais próximo e íntimo.

Por isso, a partir de dois pontos de vista:

1. *A técnica para harmonia e equilíbrio energético da mente e do corpo.*

2. *Elevar a espiritualidade.*

Hiroshi Doi, Mestre japonês, membro da escola original de Mikao Usui (fundador do Reiki), reexaminou os conceitos e técnicas do Reiki original japonês e os comparou com o Reiki Tradicional (derivação ocidental), reestruturando-os objetivando uma volta à finalidade básica original: *ser uma técnica para viver a vida plena*. Ou seja, nada menos que o caminho para a saúde e a felicidade no qual se baseava a ideia primordial de Mikao Usui.

Do

O termo "DO" se origina na tradição dos samurais do Japão feudal, o período da formação de caracteres japoneses Kanji românica:

- 武 = **Bu** : a arte da guerra, guerreiro.

- 道 = **Do**: caminho, o que leva à disciplina espiritual.

- Que resulta =武 道 = **Bu -Do**: *The Way of the Warrior* (o caminho marcial), conforme Morihei Ueshiba (1991), visto anteriormente como caminho da iluminação espiritual.

Praticar a atenção plena (mindfulness) enquanto estamos praticando o Reiki e em todos os momentos de nossa vida facilita faculdade de percepção e, ao percorrer esse caminho, (DO para os japoneses) vamos paulatinamente alcançando um estado de grande paz e felicidade - 安心立 命, *Anshin Ritsumei*.[4]

Esse é o estado de iluminação que atingimos quando a mente está em perfeita paz e quando temos consciência de nosso objetivo de vida. Atingir *Anshin Ritsumei* requer a prática de mente limpa e coração predisposto, sem expectativas, com pensamentos abertos a dar e receber.

Segundo Hiroshi Doi Sensei[5] (2002), atingir *Anshin Ritsumei* era propósito do Mestre Usui, que foi inspirado a criar o Reiki para equilíbrio energético do corpo e mente. Segundo Doi Sensei:

> Usui Sensei, depois de uma longa busca, chegou à conclusão que o propósito da vida era alcançar Anshin Ritsumei e que isto significava compreender a verdade de que o Universo é quem dá vida aos seres, uma missão a cumprir e os mantém vivos... Assim Usui Sensei compreendeu sua missão tomando a decisão de compartilhar com tantos quantos fosse possível através de uma prática que denominou Usui Reiki Ryoho (DOI, 2015, p. 26).[6]

Entender o Reiki como *"caminho"* faz muito sentido se refletirmos sobre a cultura japonesa, local de origem do Reiki,

---

[4] Junko Yonezaki - tradutora da NHK e do Governo Japonês - enviou por e-mail a tradução deste termo como: "Deixe sua alma tranquila e deixe acontecer conforme seu destino estando sempre firme", ou seja, encontrar a paz interior e confiar no próprio destino

[5] Em Iyashi no Gendai Reiki Ho –Uriel

[6] Em Gendai Reiki Ho-Reikiavik Ediciones, Madrid 1ª edição 2015.

cujos princípios foram inspirados nos textos do período restaurador do Imperador Meiji, quando as escolas passaram a se mover no sentido de encontrar um *caminho de iluminação espiritual*, tais como: **Shodo**, caligrafia Japonesa; **Kado**, arranjo floral Japonês, **Budo**-[7] caminho que leva à iluminação, à harmonia, à verdade, à bondade e à beleza, que reflete a absoluta natureza do Universo e o grande processo da elaboração da criação.

Para escrever sobre qualquer arte e caminho japonês nenhum autor pode se considerar verdadeiramente qualificado. São disciplinas profundas. Enquanto para um ocidental pode parecer impossível alcançar a maestria, se alguém com experiência em um caminho "Do" desejar esperar até estar "pronto", provavelmente nenhum texto ou livro seria publicado.

2.1 FUNDAMENTOS

Para compreender os objetivos do sistema Usui Reiki Ryoho, uma vez que as palavras Reiki e Reiki Ryoho já existiam há muitos anos e eram usadas por terapeutas da época como método de equilíbrio energético (DOI, 2015), Mikao Usui determinou que seu sistema fosse original, com uma filosofia única, ausente em outros sistemas existentes.

Ele definiu, ainda, que gostaria de transmitir o caminho para *Anshin Ritsumei* (o estado de grande paz) por intermédio da ressonância entre o Reiki do macro e microcosmos, começando pela imposição de mãos como porta de entrada acessível a qualquer pessoa. Estabeleceu os seguintes objetivos:

- Progredir espiritualmente utilizando os Gyosei (poemas, pensamentos positivos) como alimento para alma.

---

[7] Morihei Ueshiba - *Budo ensinamentos do fundador do Aikido*. Ed. Pensamento 1991 pgs.6;28;29.

- Cumprir os ensinamentos sobre os cinco princípios.

- Esforçar-se por desenvolver a mente e o corpo.

- Promover o estado saudável do corpo de si e dos demais.

- Impulsionar a felicidade e a prosperidade da família, da sociedade, da nação e do planeta.

- Criou e adotou um slogan que deveria simbolizar um grande propósito: *"Que houvesse um reikiano em cada família"*.

Adicionalmente a esses pontos ensinava como meio de fortalecer o Reiki Interior que seus alunos deveriam cultivar a prática espiritual para crescimento interior e aplicar e receber Reiki por meio de encontros regulares de práticas e trocas. Contudo, dentro dos ensinamentos mais importantes, considerava a prática diária dos cinco princípios como fundamental.

2.1.1 O valor do Reiki

O Reiki, como valor, praticamente integra tudo e todos cujo objetivo maior possa ser encontrar a felicidade, um mundo cada vez melhor. Isso é muito bem explicado pelo Mestre André Tedesco, em seu livro *O valor do Reiki*,[8] lançado no final de 2018. Sugiro a leitura dessa obra, que extrapola a amplitude do Reiki, e sua posterior reflexão.

Tedesco foi feliz quando descreveu o valor do Reiki na vida das pessoas, da sociedade, no ecossistema, na Saúde, na política, no ensino e até mesmo na economia. Arriscamos a dizer que o valor do Reiki em si pode ser sintetizado em dois grandes valores, que às vezes passam despercebidos, sobre os quais o Reiki está sutilmente alicerçado:

- *O amor incondicional*, que é parte intrínseca de um estado necessário para a prática.

---

[8] TEDESCO, André. *O valor do Reiki*. Curitiba: Arte Editora, 2018.

- ***O bem supremo***, conceito que nos lembra que no Universo tudo está sintonia e que nem sempre o que desejamos é o mais importante para nós ou para os outros.

2.1.2 Os pilares do Reiki

O Mestre Usui ensinou as bases, os pilares do Reiki, para que a aplicação da terapia fosse o mais eficiente possível. Esses pilares servem para a tomada de consciência e ligação à energia, para observar o estado energético e a própria aplicação do Reiki no próprio corpo, na aura, ou para corpo e aura de terceiros.

Ao praticar os três pilares, o praticante estará desenvolvendo concomitantemente a capacidade de concentração, de paz interior, de sensibilidade à energia e capacidade de tratamento eficaz. Os três pilares do Reiki para equilíbrio da mente e do corpo, são identificados como:

- Gassho - Meditação Gassho.

- Reiji Ho - Percepção e orientação.

- Chiryo - O tratamento.

1. Gassho - Interiorização, meditação, ligação à energia.

A prática de Gassho permite alcançar a mente vazia, desenvolver o sentido de observador, dominando a mente e desenvolvendo a compaixão. É o que nos prepara para receber a energia.

2. Reiji Ho - Percepção e orientação para o tratamento.

Em Reiji Ho podemos desenvolver a percepção de como estamos ou como a pessoa está, como se houvesse uma capacidade sutil de observação da energia. Nessa técnica pedimos também orientação ao Reiki para que nossa intuição seja guiada, para que a energia flua para o Bem Supremo e com serenidade.

3. Chiryo - Autotratamento ou tratamento a outros.

Chiryo representa a prática do tratamento em si, que pode ser realizada em nós mesmos, completa ou parcialmente, ou então a outros seres. Ao realizar o Chiryo, o praticante tem a mente vazia e focada, o fluxo constante da energia. Sempre que necessário, é interessante verificar a ligação a terra por meio da técnica do enraizamento.

2.1.3 Gokai - Os cinco princípios

Há momentos em que perdemos o rumo na vida. Não sabemos para onde vamos, nem como, nem com quem ou de que forma. Acabamos por estagnar e sucumbir a um peso incompreensível. A prática de Reiki traz cinco princípios, denominados Gokai pelos japoneses, que servem como orientações para o nosso caminho de vida, para a descoberta e solidificação da felicidade e paz duradoura.

Apenas hoje:

- Não me zango, sou calmo.

- Não me preocupo, confio.

- Sou grato.

- Sou diligente - dedico-me à autotransformação.

- Sou bondoso com todos os seres.

Para praticar cada uma dessas cinco orientações é necessário estar no momento presente. Querer harmonia sem cultivar harmonia não leva a lugar algum. Assim, para vivenciar esses cinco momentos como um caminho de vida é necessária uma atitude simples - a entrega. Esses cinco princípios são a essência do Reiki, cujos ensinamentos são utilizados pela linhagem dos Mestres e escolas espalhadas em todo mundo.

Só por hoje

Geralmente, falamos sobre o passado: "Devia ter feito isso ou aquilo". Porém nosso caminhar é para a frente, para o futuro, o passado já passou. Assim, mesmo que sonhemos com o amanhã, o que se pode fazer é viver o agora.

"Só por hoje" ensina aspectos a serem apreciados no momento, no agora, o dia de hoje.

Inserimos, após cada princípio, uma sugestão de prática que poderá ser usada independentemente de o leitor ser ou não um reikiano iniciado. Sugere-se um princípio ao longo do dia, com foco, atenção à respiração, sentindo e refletindo sobre a orientação naquele momento.

Não se zangue - sou calmo

A raiva é um instinto natural a todos os animais, inclusive os racionais, não era para ser algo ruim, embora saibamos que é prejudicial a nossa saúde e a dos outros, além de nos tornamos desagradáveis. Este princípio ensina que se desejamos boa saúde e uma vida longa devemos começar por não sentir raiva, tornando-nos calmos.

Praticar Harmonia

Como ter harmonia e paz se não levarmos harmonia e paz aos outros? Este é um conceito interligado que, por um lado, faz crescer a calma, e, por outro, proporciona uma vida calma aos outros. Ao exigir dos outros é muito natural que também exijam de nós.

Para encontrar harmonia necessitamos verificar o que realmente merece a nossa atenção e o que é supérfluo. Fazendo apenas o que é mais importante não perdemos energia com o supérfluo, o que nos ajudar a alcançar paz de espírito e harmonia.

Não te preocupe - confio

Os sentimentos e as emoções aparecem rapidamente. Especialmente quando nos preocupamos, o coração se contrai e a energia das células se reduz. Como resultado, não conseguimos trabalhar ou pensar em boas condições. O mesmo ocorre quando temos medo de doenças ou preocupações desnecessárias.

"Não se preocupe" ensina a evitar preocupações, medos e pensamentos desnecessários por intermédio do controle adquirido com o treinamento.

Praticar Confiança

A confiança começa em nós mesmos. Descubra o que é preciso mudar para que se tenha mais autoconfiança e de que forma a falta de confiança se manifesta. Durante o dia, estar atento à forma como se demonstra confiança e de que forma se tem confiança nos outros. Além disso, ver se realmente é a forma correta e ajudar aos outros a se sentirem melhor, empoderados, com a estima elevada.

Ser Grato

Geralmente, ao falarmos em gratidão, fazemos uma ligação quase imediata com situações em que alguém fez um favor ou deu algo a outro. A questão não é essa. A palavra "gratidão" não significa ser grato pelas coisas materiais, mas por todas as coisas dadas pela natureza, como a luz do sol, a água e a benção da terra, ou, ainda, pelos antepassados, professores, amigos, sociedade etc.

Ser grato ensina a não esquecer o apreço, pois como seres humanos não podemos viver sem a mãe natureza.

Praticar Gratidão

Aqui é conveniente observar de que forma sentimos a gratidão com o que a vida trouxe até este momento. Aproveitar os vários momentos do dia para sentir gratidão pelas situações e promover essa mesma gratidão aos outros. Ao espalhar essa "gratitude", como aprendizado, observamos os efeitos que ela promove ao longo do dia.

Ser Diligente – trabalhar sobre si mesmo para autotransformação

Aqui, trabalhar não é específico ao trabalho de ganhar o pão de cada dia (mas também). O sentido aqui é trabalhar diligentemente sobre sua autotransformação.

Ser diligente - ensina a trabalhar arduamente e agir com um sentido de propósito nas nossas ações e nosso trabalho 'interior'.

Prática de ser diligente

Só por hoje, viver o dia com honestidade, trabalhar diligentemente sobre si mesmo, realizar as ações e tarefas com a verdade que possa achar possível. Aceitar o que os outros digam, mesmo que não considere que seja verdade, auxiliará a compreender que cada um manifesta apenas aquilo que consegue compreender. A verdade tem também um tempo próprio. Isso irá ajudar a ser cada vez mais verdadeiro e diligente para consigo mesmo e a não necessitar cobrar dos outros a verdade.

Ser Bondoso

A falta de bondade é considerada destrutiva para a sociedade. Como existe gratidão a si mesmo, aos outros e à natureza, devemos ser bondosos. Não somente praticar voluntariado, dar dinheiro a alguém, mas ser gentil e atencioso leva ao outro nosso apreço.

Ser bondoso - ensina que é nosso dever, como seres humanos, ter bondade com os outros, pois não podemos viver sem eles. Estamos inseridos em uma sociedade na qual, ao nos darmos conta, começamos a perceber as interligações da existência como um todo.

Praticar Bondade

Como posso ser bondoso hoje para comigo mesmo? Que bondade posso ter por alguém conhecido? E por alguém desconhecido? A bondade faz crescer tudo na vida, faz surgir o há de melhor em nós e nos outros. Conseguimos ser bondosos quando nós nos aceitamos e compreendemos que em primeiro lugar devemos cuidar de nós mesmos e que toda a dor que sentimos pode desaparecer se a entregarmos a um ato de bondade.

O Reiki, de fato, pode trazer orientações para uma vida feliz. Naturalmente, nem sempre é fácil, mas é por isso mesmo que devemos praticá-lo como sendo uma arte. Necessitamos de tempo, de espaço, de erro, de acertos e de muitas tentativas. De repente, parece que tudo muda. É o resultado de todo o trabalho.

3

COMPREENSÃO GERAL SOBRE REIKI

A ciência descobriu que o Universo e tudo que existe dentro dele é constituído por vibrações, inclusive nós próprios. Algumas dessas vibrações têm a capacidade de curar enfermidades e trazer harmonia e paz mental. Portanto é um presente do Universo em forma de energia de amor, harmonia e cura. A essa energia, Mikao Usui Sensei denominava Reiki.

3.1 A PALAVRA REIKI

Reiki é uma palavra japonesa composta por dois Kanji, as palavras Rei + Ki, que, por sua vez, são compostas por três e dois Kanji, respectivamente.

· 靈氣 - *Reiki - Significado básico:*

· 靈-Rei = alma, espírito, fantasma, Deus = *Energia Universal.*

· 氣-Ki = espírito, mente ar, atmosfera, humor = *Energia vital.*

Resumindo: **A Energia Universal guiando a energia vital.**

Portanto, ao fazer as combinações harmônicas, poder-se-ia traduzir Reiki como "Energia Espiritual". Desmembrando cada um dos ideogramas é possível compreender a que Sensei Usui tentava se referir quando batizou seu sistema de Usui Reiki Ryoho.

3.1.1 O que é o Reiki

Reiki é a energia que deu vida ao Universo

Usui Sensei[9] costumava dizer que tudo que existe no Universo possui Reiki, uma alta vibração de amor emitida desde o grande Universo (macrocosmos), e também é a luz pura. O grande Universo dá origem e sustenta toda a existência, que também se manifesta como a luz pura, mantendo-a em harmonia. Chama-se também de grande vida, grande luz ou existência da alta dimensão (*something great* = algo grande, segundo os estudiosos do Reiki).

O Reiki é a energia que deu vida ao Universo material, fez nascer o sistema solar e a vida em nosso planeta Terra, proporcionando que tudo siga existindo em perfeita ordem e evolua sem cessar, segundo a vontade do grande Universo.

Os seres humanos constituem a mesma essência que o grande Universo (macrocosmos). A energia que impregna todo o Universo, e quando está dentro do corpo do ser humano (microcosmos) se converte em energia vital. Ela ativa a capacidade natural e orgânica do próprio corpo, bem como do sistema imunológico, endócrino, digestivo etc., dando vitalidade para todos esses sistemas poderem viver plenamente, por isso, o Reiki que é irradiado do grande Universo se chama energia do amor, da harmonia e da cura. O amor é a força que mantém a vida e faz com que ela desenvolva, a harmonia é a ordem perfeita e, ao ressonar com o amor, une-nos por meio da energia Reiki.

O grande Universo emana continuamente a energia de amor à existência. Um bom exemplo é a energia solar. O sol irradia em todas as direções a energia vital que mantém tudo vivo, sem cessar, e transmite essa energia transformadora em calor, luz e vibração.

---

[9] Mikao Usui, fundador de Usui Reiki Ryoho.

Ainda que desejássemos definir o Reiki, há uma disparidade de linhagens energéticas e o conteúdo transmitido é muito variado. Como consequência da difusão mundial do Usui Reiki Ryoho, a palavra "Reiki" se converteu em um apelativo para se referir à cura e existem procedimentos que não têm nada a ver com o método, mas se autodenominam assim.

Acredita-se que os *"Reikis"* que não são originários do sistema Usui Reiki também tenham características sobressalentes, ainda que o conteúdo ensinado nesses sistemas, possivelmente, não tenha quase nada a ver com o que denominamos de Usui Reiki. Seus propósitos e efeitos, portanto, também são diferentes.

O que o Reiki não é:

- Não é medicina.

- Não é religião.

- Não é massagem e não é necessária manipulação no cliente.

- Não é espiritualista.

Reiki com base científica

Referenciar, por exemplo, a tese de mestrado do psicólogo Ricardo Monezi referente aos possíveis benefícios do Reiki. Para dar prosseguimento a sua pesquisa, realizada na Universidade de São Paulo, Monezi escolheu o Reiki por ser a única técnica de imposição de mãos que não possui conotação e vínculo religioso.

Também se utilizou da técnica, com êxito, para comprovar os efeitos benéficos do Reiki sobre sua amostra com idosos, em sua pesquisa de doutorado.

3.1.2 A energia vem de duas fontes

Do centro do Sol e do centro da Terra. A que prevalece vem do centro do Sol.

Quando, principalmente, a cabeça absorve a energia do Sol, o cérebro se torna muito ativo. Quando o estômago, especialmente, absorve essa energia, então se torna mais ativo. Em consequência, o cérebro fica desmagnetizado, enfraquecendo e causando dor de cabeça. Por isso a energia supérflua que vem do estômago tem que ser transmitida de volta ao cérebro. Para repartir a energia uniformemente para todas as partes do seu corpo, a pessoa tem que fazer alguns exercícios de ginástica, não expostos ao sol.

Cada sofrimento é devido ao acúmulo de energia supérflua em uma determinada parte do corpo. O acúmulo de tal energia provoca certa tensão do sistema nervoso. Para aliviar a dor a pessoa deve dispersar essa energia. Isso pode ser realizado por meio da ginástica e de exercícios respiratórios. Assim que a energia é dispersa, o sangue começa a circular regularmente por toda a constituição humana e na condição doente do ser humano.

*Quando você não consegue dormir com facilidade, a causa é a energia supérflua no seu cérebro. Para descarregar-se dela é **preciso** fazer exercícios que possam direcionar essa energia para as outras partes do seu corpo. Concentrando seu pensamento na ponta do nariz por cinco minutos ou lavando os pés com água quente você pode fazer uma parte do sangue descer.*

Uma das causas de doenças é o acúmulo de algum tipo de energia em algumas partes do corpo mais do que o necessário. Por exemplo, a dor de cabeça é devido a um excesso de energia nervosa na cabeça; a indigestão é devido ao excesso de energia em alguma parte do estômago. Cada palavra negativa tem uma influência sobre o fígado. Quando as funções hepáticas ficam perturbadas, o sistema nervoso se perturba também, assim como a digestão. Se você quiser ser saudável você deve usar somente palavras positivas.

É dito que a lua, em suas fases cheia e nova, tem uma influência muito forte sobre algumas pessoas. Quando a lua está cheia elas se sentem nervosas e não conseguem dormir bem, e assim que entra na fase de lua nova elas se acalmam. A intranquilidade de algumas pessoas se dá pelo acúmulo de energia supérflua em seus corpos, com influência de seus cérebros, pulmões e fígado, assim como do estômago.

A prática do Reiki como terapia, também pede profissionalismo, ética e um grande sentido de bom senso. Falta ainda um longo caminho para um reconhecimento mais dilatado e por parte do terapeuta de Reiki uma divulgação mais precisa do seu trabalho.

Cada um é a face do Reiki cada vez que o põe em prática.

Reiki Ho é a conversão da energia em amor

Reiki Ho é uma técnica de cura na qual nos tornamos um canal por onde passa o Reiki. Ser um canal de Reiki significa converter-se na mesma existência de amor que o Grande Universo, elevando-se para ser cada vez mais puro e poder unificar-se com a consciência cósmica e com o seu ritmo. Dessa forma, podemos receber a vibração de amor da mais alta dimensão e canalizá-la em seu estado puro.

Discórdias como o estresse, as enfermidades e as desgraças não acontecem por azar ou má sorte, são consequência de ter se desviado do eixo do Universo, de ter se afastado da totalidade e da falta de ressonância com o ritmo do cosmos.

O Reiki Ho é algo que transforma você. É uma prática que lhe ajuda a recuperar a ressonância com o ritmo do cosmos e facilita seu retorno ao que era originalmente, além de resolver discordâncias nos níveis mental e físico, inclusive para que possa completar a aprendizagem da alma.

3.1.3 Como funciona o Reiki

Existem inúmeras teorias de como o Reiki pode funcionar, mas não há resposta clara para isso. Tudo o que podemos afirmar, com certeza, é que ele funciona. Acredita-se que doenças, desarmonias e mal-estar ocorrem por causa de bloqueios ou interrupções do fluxo da energia vital dentro do nosso ser.

A prática vem demonstrando que os padrões específicos da radiação energética que chamamos de Reiki, emanando das mãos do terapeuta, simplesmente ajudam o corpo a "corrigir" e reequilibrar o fluxo de nossa força vital, retornando-nos a um estado de bem-estar e melhorando a qualidade de nossa experiência de vida.

3.1.4 Onde está o Reiki? Como se procura? Como se encontra

O Reiki é a energia universal emanada pela fonte, que está em todo o Universo, em todo o lugar e que nos traz vitalidade. É a energia usada no Método de Cura Natural, criado pelo Mestre Mikao Usui. Esses são os conceitos gerais da energia, do poder, da força criadora do Universo, que nos anima e traz vitalidade, mas, mesmo assim, ainda não responde onde está o Reiki ou como se chega à energia Reiki.

Como é possível encontrar o Reiki? De qualquer forma e maneira, pois é uma parte intrínseca do Universo, com uma vibração muito própria. O Canal de Reiki acessa essa vibração de forma imediata e até inconsciente ao realizar a sintonização no nível I. A partir do momento em que está sintonizado, o Reiki irá sempre fluir, tanto de forma consciente como de forma ou inconsciente.

Encontrar a energia Reiki é como escutar a vida que entra em nós. Para uns é como sentir uma onda, para outros, é como um rio. Alguns nada sentem, mas observam os resultados que Reiki lhes traz. Diz a sabedoria do tempo que não há que se preocupar com essas questões, apenas deixar a energia fluir. Esvaziar a mente, tornar o coração predisposto, recitar os cinco princípios, colocar as mãos onde a intuição as leva, guia-nos a sentir o Reiki fluindo, pois ele está em todo lugar, e sempre acessível.[10]

A própria prática nos leva a descobrir a energia, a sentir a energia, a ligar-se a ela. É algo imediato, instantâneo, e a única coisa que faz diferença é se quem a pratica coloca obstáculos ou não. Ou seja, quanto menos expectativa houver, haverá mais entrega e tudo funcionará melhor.

3.1.5 O método Reiki

Os métodos de curas naturais podem sempre suscitar alguma curiosidade (e desconfiança), mas há muito a

---

[10] Observação do autor: na época de Usui Sensei havia muitos grupos espiritualistas que, em parte, também praticavam atividades terapêuticas. Entretanto, Usui Sensei propositalmente não queria dar qualquer conotação religiosa ao método que desenvolveu e, por isso, o chamou de Usui Reiki Ryoho.

aprender com eles. O Reiki, por exemplo, tem uma perspectiva holístico-filosófica que é trabalhada com a energia e pretende funcionar como uma terapia complementar. Isso significa que não substitui qualquer outro tipo de cuidados em saúde tradicionais, portanto, trabalha em conjunto, é integrativa e complementar. Ainda que vinculada ao bem-estar do espírito e da mente, esse método também tem resultados em seu nível físico, ainda que dependa do estado da pessoa.

Felizmente, hoje em dia o Reiki já é visto além de uma simples terapia, pois seus cinco princípios têm ajudado os discípulos a compreenderem muitas das suas questões de vida. A essência do Reiki está nesses preceitos recomendados por Mikao Usui como "a arte secreta de convidar a felicidade", ou seja, é o desenvolvimento da técnica de trabalho interior que nos permite trilhar um caminho para a felicidade.

Ao compreender bem o enquadramento do método, Mikao Usui deixou um legado: "Guiar para uma vida pacífica e feliz", entende-se que toda a prática precisa ser avaliada segundo esse conceito e deve estar presente no nosso cotidiano.

Assim, um praticante de Reiki é alguém que se esforça para melhorar a si mesmo, para ter uma vida mais harmoniosa e poder levar essa harmonia aos outros. Dessa forma, o Reiki pode ser visto como (um caminho) uma filosofia de vida.

REIKI É	REIKI NÃO É
Terapia – Uma terapia complementar e integrativa.	Não é uma Medicina, não faz diagnóstico equiparado à medicina convencional ou tradicional. Não é exclusivo, integra-se com qualquer terapia ou Medicina.
Filosofia de Vida – Uma filosofia de vida, além da prática terapêutica. Tem cinco princípios orientadores.	Não é uma religião, não é uma seita, não é uma linha espiritual (a espiritualidade é própria do indivíduo que nela tem crenças).
O Toque – Uma terapia de toque em contato leve ou ligeiramente afastado do corpo, com posições pré-determinadas. Essas posições seguem um código deontológico de respeito ao paciente. O Mestre Hayashi introduziu algumas técnicas que envolvem toque, mas que são pouco praticadas. Uma delas é o KETSUEKI KOKAN, a técnica da circulação sanguínea. (ensinada no nível 2).	Não é uma massagem, não envolve manipulação do corpo. O receptor ou paciente pode (e deve) estar vestido. A sessão pode ser realizada em posição deitada ou sentada.
Prática Holística – Tem uma visão holística da pessoa – atua sobre o corpo físico, mental, emocional e energético/espiritual.	Não apresenta uma perspectiva única e restritiva na terapêutica, é abrangente e visa ao bem-estar da pessoa.
Energia – O seu princípio é a Energia Vital, que nos rodeia e preenche. É um conceito tipicamente oriental. O corpo tem uma energia vital chamada Ki, tudo no Universo é alimentado por energia.	Não é uma prática espiritualista. A espiritualidade é própria do indivíduo. O seu autoconhecimento, a sensação de ser mais que pensamento ou emoção, o transcender o corpo, levam a pessoa a encontrar a espiritualidade. Pela simplicidade do Reiki, ele se alia a muitas práticas que, quando não estão devidamente contextualizadas e explicadas, apenas trazem confusão sobre a prática do Reiki.

Ética - Uma prática com códigos deontológicos. O Código de Ética e a Norma da Prática da Terapia Complementar Reiki fornecem uma série de linhas de orientação, direitos e deveres.	O cliente não deve tirar a roupa, não devem ser esfregados com óleos ou qualquer outro tipo de materiais. O Reiki também não faz uso de instrumentos acessórios.
Método - Um método com técnicas próprias, ensinadas ao longo de níveis específicos de ensino. O Mestre Usui ensinava 21 técnicas.	Não é uma mistura de práticas para que seja realizado com sucesso.
Ensino - Técnicas ensinadas ao longo de três níveis. Alguns sistemas, principalmente o tradicional japonês, dividem-se em quatro. A divisão em quatro níveis permite discernir os saberes e levar a um desenvolvimento mais aprofundado ao longo do tempo.	Não é um ensino simplista e breve. Apesar do Reiki ser simples as suas aplicações são extensas, assim como as técnicas necessitam de tempo para que possam ser devidamente praticadas.
História - Uma prática desenvolvida pelo Mestre Mikao Usui, no Japão, em 1922.	Não é milenar. Podemos encontrar práticas como o Kaji, no Japão, relatado no ano 900, ou outras práticas que envolvem a colocação de mãos e o uso de energia por todo o continente asiático, no entanto, Reiki, como método e com as técnicas existentes, foi desenvolvido por Mikao Usui, em 1922. Caso se queira fazer referência a uma prática de tratamento energético pelas mãos, sim, pode-se dizer que tem referências centenárias, mas não dizendo diretamente que é Reiki.

Quadro 1 – Quadro comparativo sobre o que é e o que não é Reiki

Fonte:Mick.W.H- Reiki sem Mitos edição independente (editora mérito) págs. 35/36

3.2 AS INICIAÇÕES

Sintonização: ato ou efeito de sintonizar [...]. Sintonizar: tornar sintônico, ajustar, ajustar a frequência.

Iniciação: ato ou efeito de iniciar ou iniciar-se [...]. Passagem. Mudança, conexão com o Reiki.

Para a pessoa tornar-se um canal da energia do Reiki é necessário passar por um processo de "iniciação", que deve ser presencial e individual.

Outro termo usualmente empregado, especialmente no ocidente, é *empowerment*, que pode ser proveniente de um conceito esotérico, geralmente usado quando a pessoa recebe uma "permissão espiritual". Esse termo (que saiu dos Estados Unidos) tem outra conotação, como sendo um reforço energético para trabalhar em si para evoluir, para sua reforma íntima, tornando-se consciente dos seus valores, e daí passou a ser considerado como sinônimo de sintonização. Aliás, esse termo começou a ser utilizado por discípulos da Takata Sensei, que tinha por hábito ensinar referenciando a iniciação ao ato de sintonizar uma estação de rádio a título de exemplo.

Na escola Usui Reiki Ryoho Gakkai, um dos termos utilizados é **Reiju** 霊 授. Significa, literalmente, "conceder a alma", no sentido de "entregar, dar, conferir, partilhar, instruir, abençoar". Além desse sentido, existe outro, mudando a letra do primeiro *kanji* para escrever "**Den**" (伝), que também sugere "receber, aceitar".

Analisando seu amplo sentido, o conceito cai sobre "dar e receber" e/ou "antes de receber deve cortar/esvaziar/abrir". Assim, o termo utilizado para iniciação é **Denju** 伝 授, um ritual de transmissão e/ou capacitação. Dentro do budismo esotérico são vistos como fundamentais para o desenvolvimento espiritual do discípulo, portanto é o termo mais adequado para as iniciações do Reiki.

Tradicionalmente, os discípulos recebiam *Reiju* nos encontros regulares chamados *Reiju Kai* (ou *Shuyokai, Benkiokai*). Nesses encontros realizavam-se as recitações dos cinco princípios do Reiki (Gokai), treinavam algumas técnicas e trocavam experiências, o que, aliás, ainda hoje é praticado por Mestres e alunos das linhagens descendentes do sistema Usui Reiki Ryoho.

Atualmente, dentro do Reiki de Usui, o praticante pode receber do *shihan* (Mestre) uma iniciação conectando-o permanentemente à energia Universal, no caso, um Denju 伝 授. E, quando o aluno participa regularmente dos encontros, pode receber do Shihan um *empowerment*, no caso uma sintonização, ou seja, Reiju 霊 授, ajudando a fortalecer a ligação do praticante com a fonte de energia e elevação da consciência.

Assim, a iniciação (DENJU), pela perspectiva espiritual, é o processo pelo qual o professor (como veículo) "abre" o canal e ajusta os centros energéticos do aluno/discípulo tornando-o apto. Nesse momento é concedida a energia superior do Reiki, ajudando o aluno/discípulo a ir em direção ao Amor, que é seu estado natural.

Originalmente, o Reiki-Ho é um sistema para elevação espiritual que contém o item terapêutico. O objetivo da iniciação não era apenas para "transmitir a habilidade de ser um canal de cura", mas, sim, partilhar um presente, uma bênção, de elevadas qualidades espirituais. Notando ou não, durante o ritual o praticante de Reiki recebe uma concessão para manifestar o sagrado. Ir ao encontro de Amor Maior depende apenas de cada um e se for sua escolha integrar o Reiki na sua vida diária.

3.3 OS DESCAMINHOS

Fala-se muito sobre sistema de Reiki, método Reiki, técnicas de Reiki, linhagem do Reiki, variações do Reiki. O que se quer dizer e como aplicar corretamente os termos?

O Mestre Usui falava do Reiki como um Método de Cura Natural – Usui Reiki Ryoho – Método de Cura Natural Reiki Usui. Podemos encontrar essa referência no seu manual (Hikkei), que era entregue aos alunos. Esse método é – ou devia ser – comum em qualquer sistema de ensino de Reiki. O método criado por Mikao Usui e desenvolvido pelos seus alunos é o que indica os pilares do Reiki, os princípios, as técnicas de autocrescimento e transformação, o autotratamento e o tratamento a outros. Esse método é também por si só o próprio Sistema.

De uma forma geral, eis uma definição conceitual resumida de cada um desses termos:

- Sistema – Conjunto de métodos e processos, interligados e organizados, para um fim pedagógico, para ensino, aprendizagem e prática.

- Método – Modo, maneira de proceder, um caminho para chegar a um determinado fim. O método Reiki Usui utiliza procedimentos para fins pedagógicos de ensino e aprendizagem e práticas do Reiki.

- Técnica – Conjunto de procedimentos, exercícios, prática ou vivências, forma imediata de apresentar da matéria.

- Linhagem – É a identificação da linha de transmissão energética e dos ensinamentos de mestre a mestre. A minha linhagem, por exemplo, é a seguinte: *Mikao Usui*, o fundador do Usui Reiki, que iniciou *Kanichi Taketomi*, que foi o terceiro presidente da escola fundada por Mikao Usui, que iniciou *Kimiko Koyama*, que foi a sexta presidente da Usui Reiki Ryoho Gakkai, que iniciou *Hiroshi Doi*, membro da Escola de Usui e presidente da Gendai Reiki Healing Association, que iniciou *Walter H. Mick*, diretor de Gendai Reiki Brasil -. Escola de metres e terapeutas?

- Variantes - A variação nos processos e mesmo o ato de acrescentar, alterar métodos e práticas originais, leva à criação de variantes, cuja grande maioria, no entanto, não é considerada descendente da Linhagem Original.

Agora vamos imaginar que um Mestre de Reiki decida retirar partes importantes para facilitar seu ensinamento ou adicionar à prática de Reiki o uso de técnicas de outra terapia, criando o sistema *"Reiki Tal"*. Outro exemplo, um Mestre de Reiki complementa o método de Reiki com acupuntura, juntando os dois métodos, cada um com as suas técnicas, e nomeia esse conjunto de sistema de Reiki acupuntura. Esses são meros exemplos de variações que acredito que não existam, mas servem como ilustração.

Sou da opinião de que não faz sentido criar novos *"Reikis"* a todo o momento, que, aliás, já resultam, nos dias de hoje, em centenas, até porque existem muitas oportunidades de aperfeiçoar e aprofundar o conteúdo do Usui Reiki Ryoho sem que se necessite reinventá-lo. E nem seria necessário, pois o Reiki (original e legítimo tal como é) adapta-se maravilhosamente a qualquer terapia.

Parece-me que, ao criar um sistema/método, o seu autor esteja querendo mostrar uma distinção no trabalho que faz para um novo percurso para os seus alunos ou clientes, sem, no entanto, considerar as implicações energéticas e iniciáticas da questão. E havendo cada vez mais essas contaminações, a confusão agrava-se, tornando o Reiki, como o conhecemos, imperceptível em sua essência.

Nos anos 80 e 90 houve uma grande mistura das práticas mediúnicas com o Reiki, acabando por modificar consideravelmente todo o método e fazendo parecer com algo que não é. Surgiram sistemas que ligam Reiki a Cristo, a guias etc., mas que, se forem bem observados, nada têm de Reiki, são apenas sistemas ou métodos que usam um nome que é reconhecido para se fazer ser "credível".

O Usui Reiki Ryoho nada tem a ver com contatar alguém, nem com mediunidade. O kanji *Rei*, que representa um dos significados (o espiritual), não tem nada a ver com contatar espíritos ou praticar Reiki com *"guias de Reiki"* ou algo parecido. Parece-me que em nenhum momento o Mestre Usui ou Hayashi Sensei tenham ensinado isso.

Necessita-se compreender que foi uma alteração introduzida por alguma vertente ocidental. Assim, durante muitos anos, no Ocidente o Reiki foi visto como algo quase "esotérico", "mistificador", esquecendo-se da sua verdadeira essência – a prática de princípios para se alcançar a paz e felicidade. É claro que é bem mais fácil culparmos algo exterior a nós do que tentarmos tratar de nós mesmos, crescendo em consciência.

Observar Reiki como algo ligado à mediunidade é ter uma perspectiva muito pequena e que nem mesmo é correta e incrivelmente redutora.

Assim como a crença em uma religião é própria de uma pessoa, também a crença na mediunidade ou em outros aspectos da espiritualidade é própria de cada um. Portanto o praticante de Reiki não tem que acreditar em nada disso.

O próprio Mestre Usui referia isto quando nos primórdios, teria escrito seu manual a seus alunos, (ainda hoje existem poucas traduções), alguns dos textos aos poucos são conhecidos no Ocidente. Usui Sensei teria dito que Reiki não necessita de uma predisposição.

Acreditar que tudo é energia e que podemos cuidar, tratar com energia não implica termos crenças a esse nível. Ao longo da humanidade tivemos a tirania da religião, onde quem era contra não tinha um final muito feliz; agora temos a tirania da ciência, onde o que não é provado é ridicularizado. Espera-se que não venhamos a cair na tirania da "espiritualidade" (Usui Reiki Ryoho Hikkei)[11].

Poderá uma pessoa que acredita na mediunidade praticar Reiki? Claro que sim! Reiki é para todos, independentemente da crença, idade e etnia. Muitos praticam Reiki exatamente porque não há o aquilo que chamamos de *"forçar crenças", não há a adoração ou o medo*, mas uma prática interior para desenvolvimento pessoal.

Reiki é um método de cura natural com fundamento em cinco princípios e 21 técnicas tradicionais que promovem a elevação da consciência e o cuidado físico, mental, emocional e energético da pessoa. O espiritual no Reiki é a essência de cada pessoa e do Universo.

3.4 O REIKI SEM MITOS

As origens do Reiki são complexas, no sentido de que podem ser ao mesmo tempo antigas e modernas. Modernas por terem sido desenvolvidas nos últimos 100 anos, porém antigas porque suas raízes, de acordo com os pesquisadores do Reiki, fixam-se em diversas filosofias voltadas ao espírito, tão antigas como os Essênios, o Ayurveda, o Budismo, o Xintoísmo e outras.

Hoje estou convicto de que essa visão antiga possa ter sido, de fato, o grande influenciador do método criado por Mikao Usui Sensei. O Reiki vai muito além da simples imposição de mãos. E sabe-se, agora, que o Reiki não flui somente pelas mãos, mas também pelos olhos, pelo sopro, pela voz e pelo corpo todo.

---

[11] Manual de Reiki Usui: Existem poucas referências efetivas, pois as traduções desses documentos muito antigos nem sempre são fidedignas.

Embora tenha sido passado com distorções e, apenas recentemente, apresenta-se a oportunidade de reconstruir essa narrativa, observamos uma busca por informações fidedignas, colhidas diretamente no palco da história, o que legitima o método e lhe dá credibilidade.

Na introdução do livro *Reiki Sem Mitos*,[12] escrito por mim, no final de 2017, faço esclarecimentos sobre esse assunto, referenciando os Mestres que começaram um importante trabalho de esclarecimento sobre o que é e o que não é Reiki, resgatando as origens e banindo os mitos, clareando o emaranhado de afirmações que ao longo dos tempos acabaram se tornando dogmas.

É até compreensível que uma técnica desenvolvida no Japão, tendo que ser adaptada para ser devidamente compreendida no Ocidente, face ao momento histórico do pós-guerra, possa ter sido o gatilho que provocou a distorção de muitas informações durante todo esse tempo que separa os dias de hoje à data de criação do método.

Algumas variações surgidas pelo caminho, fruto da criatividade e de adaptações circunstanciais, podem ter influenciado essas alterações e/ou adaptações que produziram todo tipo de "Reikis".

Hoje, fica claro para mim que a principal motivação de Mikao Usui (fundador do Reiki), ao criar o seu sistema (Usui Reiki Ryoho), era o de encontrar o seu propósito de vida, encontrar o desenvolvimento espiritual, ou seja, alcançar o estado que ele denominava de Anshin Ritsumei, "A busca de um estado de grande paz espiritual", de calma e harmonia perfeita, independente do que pudesse ocorrer ao redor.

Assim, quero deixar meu depoimento sobre a importância do Reiki na terapia integrativa nos serviços de saúde. Aposto que você venha a ser um canal perfeito, puro e ter a

---

[12] MICK, W. H. *Reiki sem mitos*. Curitiba: Mérito, 2017.

possibilidade de melhorar constantemente sua relação com a vida, pelas emoções, pensamentos e ações ou reações (no simples cotidiano), na condição de canal, por meio da prática de respiração, meditação, visualização e autopurificação.

A principal motivação de Mikao Usui ao criar o sistema Reiki foi deixar um caminho para o desenvolvimento espiritual, para se alcançar o estado de Anshin Ritsumei — ou Daianshin (Iluminação). A busca de um estado de Grande Paz espiritual de calma e harmonia perfeita, independente do que possa ocorrer ao redor.

"Siga os grandes princípios e se aquiete, então você atingirá a grande tranquilidade mental dos sábios. Qualquer um pode acessar o Reiki porque ele principia dentro de você! A meta final é compreender o método sagrado antigo para se alcançar a felicidade e, dessa forma, descobrir a cura para múltiplas enfermidades".

(Mikao Usui)

4

O MÉTODO JAPONÊS

O Gendai Reiki não é um novo sistema ou método de Reiki. É uma linhagem que descende diretamente do sistema original, Usui Reiki Ryoho. O estilo Gendai Reiki é uma nova aproximação ao modelo originalmente espiritualizado e meditativo, próprio da cultura japonesa, porém, com um formato que se oferece mais acessível, pensando na vida moderna, especialmente no Ocidente.

O Gendai Reiki Ho (Gendai = moderno e Ho = técnica) objetiva investigar o Reiki Tradicional e o Ocidental, afastando-se dos mistérios e dogmatismos, aplicando técnicas cujos efeitos são comumente verificados ou realizados de acordo com os conceitos e propostas originais do Reiki. Suas técnicas são simplificadas e estruturadas para serem facilmente usadas na vida diária. Seus objetivos têm como ponto mais importante a busca da correta e pura energia Reiki e a básica essência do Reiki-Ho, estimulando o participante a praticar suas técnicas diária e repetitivamente.

Foi concebido por Hiroshi Doi Sensei, membro ativo da Usui Reiki Ryoho Gakkai (a escola fundadora) e presidente da Gendai Reiki Healing Association (a escola que lidera atualmente a propagação do Reiki no mundo). Essa linha descendente do Reiki Original foi desenvolvida para resgatar a pureza dos ensinamentos de Mikao Usui. Doi Sensei adequou os antigos ensinamentos e o conteúdo do que se ensinava no Ocidente para que facilmente pudessem ser assimilados e integrados.

4.1 O RESGATE DA LINHAGEM ORIGINAL

O sopro da verdade que varre os véus do oculto paira sobre quase toda a Terra nestes tempos, desvelando mistérios e segredos de uma verdade que, de tanto tempo esquecida, quando soergue dos seus recônditos dá aos nossos sentidos a impressão de ser nova. Mas quando se ilumina, a verdade se revela em todas as coisas, em todos os seres. O mesmo ocorre com o Reiki (DOI, 2015).

Assim, aquilo que chamamos de novo é apenas recente ao nosso conhecimento. E tal é o GENDAI, o método de Reiki aplicado e ministrado à moda de Usui. Está acontecendo em todos os lugares, simultânea e gradativamente, até que tudo volte às origens. Não se pode supor, com a visão do Ocidente, o quanto é significativo para os japoneses esse resgate à originalidade do Reiki.

Direcionado para captar a essência de Reiki Ho, que é *a cura da mente e do corpo junto ao crescimento espiritual*, Gendai Reiki Ho está sendo expandido no Japão e em todo o mundo. Estruturado de forma simples, permite conseguir que sua prática possa acontecer de maneira informal na vida diária, sem perder os ensinamentos de origem.

É uma combinação, entre a racionalidade do estilo de *Reiki Ocidental com a paixão de Usui Sensei pela felicidade da humanidade no alcance de uma elevada espiritualidade.*

Hiroshi Dói Sensei, Mestre vivo membro da escola fundada por Mikao Usui, iniciada por Kimiko Koyama, a única mulher a ocupar o cargo de presidente da Associação de Usui Sensei, ressalta que o *Reiki* não pode substituir a moderna medicina, porém, que deve ser usado junto a ela como forma de tratamento complementar. Afirma também que *"a medicina se ocupa das condições físicas, enquanto que o Reiki ativa a energia vital, que é o verdadeiro poder natural através do qual ocorre a homeostase".* Ele ainda recomenda a seus alunos:

> *"Caso não sejam médicos considerem-se impedidos de dar tratamentos, fazer diagnósticos, falar o nome de doenças e receitar medicamentos".*
>
> *(Mikao Usui)*

4.1.1 A linhagem dos Mestres

Nas tradições orientais das quais vem o Reiki, linhagem é um dos aspectos mais importantes. Define a ancestralidade, as origens, é uma garantia de que a pessoa recebeu ensinamentos originais, fundamentados e sem distorções. Só tem linhagem quem passa por iniciações presenciais executadas por um Mestre credenciado.

Uma linhagem caracteriza-se por uma linha de transmissão segura. É uma continuidade de um conhecimento vivo e funcional. Representa a continuidade de conhecimentos práticos que comprovadamente funcionaram e deram resultados reais, "retransmite" informações que foram aplicadas e resultaram nos objetivos almejados. É a transmissão viva de uma onda de energia elevada. Essa linha viva de poder gera uma onda de experiências sutis que são captadas pelos integrantes da linhagem. Quando as pessoas captam essa onda, de consciência e experiência, podem vislumbrar esses mesmos atributos em si mesmos e, por sua vez, despertar suas próprias experiências.

Quando uma linhagem se perde, várias ideias sobre a realização e sobre métodos, que conduzem a realização, são acolchoadas. Muitas vezes essas ideias não são o resultado de experiências, mas apenas a *interpretação intelectual* de ensinamentos antigos que foram experimentados por outros, gerando distorções dos ensinamentos e novas ideias não funcionais. Dessa forma, as pessoas se perdem em práticas que não funcionam e por isso mesmo não obtém os mesmos resultados dos Mestres antigos. Quando pessoas não são treinadas corretamente, quando não são guiadas até os processos mais elevados de experiências, permanecem apenas no nível intelectual. Nesse nível podem deduzir e criar verdades que não correspondem a uma real experiência superior

Isso se dá porque as pessoas que as iniciaram não tiveram o devido acompanhamento dos Mestres realizados, ou interromperam esse acompanhamento, dando origem a facções que representam apenas o que elas acham ser real. Existem inúmeras seitas e escolas nessas condições. Um Mestre Reiki de confiança é aquele que passou pelo processo *de iniciações presenciais*, realizadas por Mestre credenciado, nos quatro níveis, básicos e fundamentais, na Terapia Reiki, e seus certificados apresentam a linhagem desde o fundador do Reiki.

Assim, a linhagem é de extrema importância, pois somente ela mantém o histórico e a possibilidade de as iniciações haverem sido realizadas e passadas desde então, numa corrente segura, presencial, que não pode ser modificada. É uma tradição e deve ser mantida porque sem ela não há Reiki. A iniciação em Reiki requer o toque físico do Mestre e, por isso, não são reconhecidas iniciações à distância. Mesmo assim, o Mestre deve saber o procedimento para ativar a iniciação, que é ensinada e treinada de mestre a mestre.

4.1.2 Alguns cuidados que sedimentam a pureza de uma linhagem

1. A linhagem é o ponto fundamental na hora de fazer um curso de Reiki. É a transmissão tanto da energia quanto dos ensinamentos de Mestre para Mestre.

2. Os professores entregam os manuais originais da Associação de Reiki Gendai do Japão. Isto é, com informação real, extraída diretamente da fonte.

3. Cada nível tem acompanhamento dos professores e pode ser repetido (de acordo com a expectativa pessoal de cada aluno), embora não seja necessário se o aluno estudar e praticar. Entretanto um aluno que fez o curso e tenha se afastado do Reiki, por qualquer motivo, deve combinar com seu Mestre sobre uma eventual reciclagem.

4. As reuniões periódicas (shuyokai) para praticar, receber e trocar Reiki e experiências, receber harmonizações (empoderamentos), são assistidas gratuitamente. Os alunos de outros Mestres dessa linhagem também podem receber esclarecimentos, tirar dúvidas e orientações, por meio da nossa escola em Curitiba.[13]

5. O Certificado do Mestre tem respaldo da associação japonesa de Reiki anteriormente mencionada e com reconhecimento internacional, bem como em cartório de títulos e documentos.

A seguir está a configuração básica da linhagem Oriental que cultivamos e que dá continuidade à transmissão de um conhecimento, que se perpetua, que foi praticado e ensinado por Usui Sensei, e que agora é cultivado e ensinado pelo Mestre vivo Hiroshi Doi.

Mikao Usui (1865-1926) — Mestre fundador da escola de Reiki Ryoho, onde se ensinava o método Dento Reiki (Reiki

---

[13] É possível manter contato pelo e-mail whmick@hotmail.com

tradicional de Usui Reiki Ryoho Gakkai) desde 1922, sistema atualmente ensinado e praticado em todo o mundo. Mikao Usui iniciou Kan'ichi Taketomi.

Kan'ichi Taketomi (1878-1960) Shihan — Terceiro presidente da Usui Reiki Ryoho Gakkai. Taketomi iniciou Kimiko Koyama.

Kimiko Koyama (1906-1999) Shihan — Sexta presidente da Usui Reiki Ryoho Gakkai. Koyama iniciou Hiroshi Doi, em julho de 1993, e o indicou para ser membro da Gakkai.

Hiroshi Doi (1935) — Shihan membro da Gakkai desde outubro de 1993 — Presidente da Gendai Reiki Healing Association Japão, escola cujo propósito é unir os conhecimentos originais de elevação espiritual e cura do corpo e da mente, como um Reiki prático adaptado aos tempos atuais. Hiroshi Doi iniciou Walter Mick, em 2015.

Walter H. Mick (1946) Shihan — Credenciado pela Gendai Reiki Healing Association do Japão. Cofundador do projeto Luz do Reiki ONG, voltada para pesquisa e voluntariado em Reiki, desenvolvendo projetos de voluntariado em Hospitais, instituições de saúde e asilos, como: Hospital Pequeno Príncipe, Hospital do Trabalhador, Pequeno Cotolengo e Centros de atendimento a pessoas com câncer, nas quais foram somadas cerca de 50 mil horas de atendimento.

Diretor do Instituto Gendai Reiki Ho Brasil, escola de Mestres e terapeutas Reiki; membro fundador do Conselho Internacional de Reiki; membro da Associação de Mestres e Terapeutas Reiki do DF. Iniciado no sistema Reiki Tradicional em 2000, por Marcos A. Gomes; aperfeiçoamento, em 2011, no Gendai, iniciado Por Álvaro Würth, aluno de Hiroshi Doi.

Curso de aprofundamento em Maestria Magistral, ministrado por Hiroshi Doi, em Madrid, na Espanha, no ano de 2015, recebendo o título de Shihan, o mais alto grau em Gendai Reiki.

Realizou aprofundamento e atualização em Maestria no estilo ocidental em abril de 2019 com mestre Jose Joacir presidente da associação de mestres e terapeutas Reiki DF.

Atualmente, ministra atendimentos e formação em Reiki (todos os níveis), atuando como spiritual coach mentoring e conselheiro na área do Reiki. É professor de Reiki na Faculdade Ibrate, em Curitiba, para cursos de formação em Reiki.

Dedica-se totalmente ao Reiki há pelo menos 20 anos e, recentemente, lançou o livro *Reiki sem mitos* (2017).

4.1.3 Diferenças entre o Gendai e outros estilos

Para responder a essa dúvida recorremos um pouco à história do Reiki e, fundamentalmente, como o Reiki chegou ao Ocidente. O sistema Reiki mais difundido no Ocidente é o chamado Usui Shiki Reiki Ryoho, sendo "denominado" de Reiki Tradicional ou Reiki Usui.

Esse sistema foi introduzido no Havaí por Hawayo Takata, cidadã norte-americana de origem japonesa, a quem se refere como um dos discípulos de Mikao Usui, o Dr. Chujiro Hayashi (médico e oficial da Marinha Imperial Japonesa), que recebeu mestrado das mãos de Usui, no *ano 14 de Taisho*,[14] um ano antes da morte de Usui, e abriu uma clínica de Reiki em Shinano Machi, Tóquio.

Depois da morte de Usui, Hayashi se separa de Usui Reiki Ryoho Gakkai (Associação fundada por Mikao Usui) e funda a "HAYASHI REIKI KENKYUKAI"[15] (Associação de Reiki de Hayashi). Devido a sua condição de médico, Hayashi introduz mudanças no método de aplicação do Reiki (causa de sua

---

[14] Denominação japonesa que se refere ao ano de 1925 no calendário ocidental.

[15] Por causa de sua profissão de médico, Usui Sensei teria determinado a Hayashi criar sua própria escola para difundir o Reiki ao mundo. (PETTER, Frank Arjava. *Isto é Reiki*. São Paulo: Pensamento, 2013. p. 88).

separação da Gakkai de Usui), deixando em primeiro lugar a técnica de imposição das mãos e em segundo lugar as práticas espirituais (meditações, controle da respiração etc.).

Assim, o Reiki de Hayashi se transforma em uma técnica de canalização de energia dirigida principalmente à cura física. As 12 posições fixas de mãos que encontramos no Reiki Ocidental são criações desse médico japonês e não de Mikao Usui, que utilizava apenas cinco. O motivo dessa aplicação é que lhe permitia que vários de seus discípulos canalizassem o Reiki a um paciente em sua clínica Reiki.

Em parte, pelas omissões de Hayashi e de Takata, é que o Reiki chega ao Ocidente como "uma simples técnica de imposição das mãos", perdendo no caminho uma quantidade de técnicas de crescimento espiritual, de autopotenciação, purificação e também de cura. Takata modificou a história do Reiki e de Mikao Usui com a finalidade de que fosse aceito no Ocidente (temos que lembrar que Japão e Estados Unidos estavam em guerra quando isso aconteceu).

Desde Hawayo Hiromi Takata, o Reiki se propagou no Ocidente de uma forma muito veloz, fundamentalmente depois de sua morte, em 1980. Dessa forma é que surgem muitos sistemas Reiki, todos meramente ocidentais (Reiki Karuna/ Kahuna, Tibetano, Terra Mai etc.), cujas bases não são totalmente ensinamentos originais de Usui senão que se fundamentam no legado do Reiki Ocidental. Faço a ressalva que as modificações e omissões às técnicas e à história do Reiki foram úteis em seu devido momento (MICK, 2017).

Mas agora é o momento de reconhecer e recuperar as maravilhosas técnicas que Mikao Usui aplicava. E essas técnicas são resgatadas pelo Reiki Gendai e são ensinadas em seus Seminários, da mesma forma como Mikao Usui fazia.

A linhagem que transmitimos nos cursos de Reiki Gendai tem se diferenciado fundamentalmente em relação a outros sistemas, uma vez que garante a transmissão energética mais pura com sua proximidade ao fundador Mikao Usui.

4.1.4 Como escolher um Mestre Reiki

Há muitas pessoas ensinando Reiki atualmente. Algumas são capacitadas e podem ser o professor correto para você. Entretanto outros podem não ter a energia adequada para suas necessidades. Por isso, frequentemente surge a pergunta de como escolher um professor de Reiki que seja mais adequado para você.

Em resumo, tente perceber se o seu futuro professor tem uma atitude respeitosa com relação a outros praticantes e Mestres Reiki ou em relação à sua linhagem ou filiação. Esteja consciente de como se sente com as respostas. Assim como se ele responde de maneira amorosa, se te apoia e/ou ampara. Escute seu coração e será guiado ao professor certo.

Eis algumas perguntas frequentes sobre o Reiki e algumas respostas que consideramos que possam ser úteis:[16]

P: *Como se aprende Reiki?*

R: Você "aprende" Reiki ao receber a iniciação/ sintonização que ressalta suas habilidades para servir como um condutor à força universal de vida e outros conhecimentos

P: *Que é uma Iniciação Reiki?*

R: Uma Iniciação é um cerimonial antigo realizado por um Mestre Reiki. É baseado na fórmula exata daquele método redescoberto nos textos sânscritos decodifi-

---

[16] Inspirado no texto original publicado em <www.ametereiki.com.br>.

cados e utilizados por Usui Sensei para desenvolver seu método.

P: *Qual é o resultado de uma iniciação do Reiki?*

R: Aumenta o campo de energia a um nível vibratório superior, permitindo acessar a energia universal de maneira mais fácil e compatível. Ativando a canalização para harmonizar e equilibrar o fluxo energético natural dos seres.

P: *Terei a necessidade de ser reiniciado outra vez?*

R: Uma vez recebida a iniciação, Reiki será compatível e disponível para você para toda a vida. Assim, a princípio você não precisaria ser reiniciado, receber reciclagem, caso ambos, Mestre e aluno, tenham cumprido todo o ritual.

Há, contudo, situações em que você encontre empatia em outra linhagem. Embora o método seja o mesmo, a didática do Mestre pode vir a ser mais adequada ao seu progresso e, nesse caso, seria indicada uma reciclagem, uma adequação do aprendizado e conteúdo, o que já funcionaria como um redirecionamento.

O seguimento e os encontros regulares de um aluno com seu Mestre sempre são benéficos, pois recebem sempre um reforço energético.

P: *Como eu faço Reiki?*

R: Em verdade, esse seria um termo impróprio. Você não *faz* Reiki. Você coloca as mãos em você mesmo ou outra pessoa e convida as células para deixar fluir a energia de vida universal.

P: *Quem está no controle do Reiki?*

R: Aquele que recebe. Seu campo energético e todas as células do receptor estarão recebendo Reiki, desde o primeiro toque e automaticamente até que seja suficiente, e não mais, nem menos.

P: *Quando eu posso começar a usar Reiki? Eu posso usar Reiki para mim mesmo?*

R: *Imediatamente ao ser iniciado você pode efetivar Reiki em sua vida diária. E quanto mais você usar o Reiki, tanto mais o intensifica. É tão poderoso aplicar Reiki em você mesmo como o é para alguém mais. Reiki é uma inestimável ferramenta pessoal para manter seu bem-estar.*

P: *Às vezes me sinto esgotado depois de fazer o trabalho com energia. O Reiki me cansa*

R: Isso não faz sentido, pois o Reiki usa força de vida universal — nunca tua própria energia pessoal, portanto, não deveria haver perda de energia vital, uma vez que ela é renovada constantemente. O aplicador, sendo o canal, também recebe Reiki durante o processo de canalização para o outro. Reveja seu aprendizado sobre ser simplesmente um canal e consulte seu Mestre.

P: *Que devo fazer quando aplico o Reiki?*

R: Quem aplica Reiki não faz nada mais do que deixar fluir. Não há nenhuma manipulação, avaliação, direção ou controle por parte do praticante.

P: *Para que o Reiki é útil?*

R: Não apenas para tratar desequilíbrio e desarmonia, que chamamos de doença. A energia do Reiki fornece um completo e profundo equilíbrio da energia psicoemocional.

P: *Reiki pode ser usado com a medicina ocidental?*

R: Sim, por não se misturar costumeiramente com outra modalidade qualquer, grande número de profissionais da saúde e cuidados médicos em geral, já consideram o Reiki um complemento poderoso para integrar a medicina convencional.

P: *Há situações onde Reiki não é indicado?*

R: Não. Não há contraindicações ao uso de Reiki, porque a energia universal promove o ótimo desenvolvimento, satisfação, o bem-estar para todas as coisas vivas. Não é possível ao Reiki fazer mal.

P: *E qual é o papel do praticante Reiki?*

R: *O praticante de Reiki é apenas o canal que conduz energia vital do campo da energia universal ao campo da energia humana, onde é transmutada para uma forma adequada ao campo celular.*

4.2 APRENDIZAGEM

No momento que se inicia a aprendizagem começa a se tornar terapeuta, contudo a vontade consciente desperta a partir do segundo nível, quando a prática começa a ser levada a outras pessoas.

A Escola do Mestre Usui - **Usui Reiki Ryoho Gakkai** (URRG) ainda existe, está fechada a estrangeiros, mas continua a ensinar o Reiki da maneira como o fundador fazia. Acredita-se que até o dia de sua morte, em 09 de março 1926, tenha formado 22 alunos capacitados a ensinar. As aulas são oferecidas nos mesmos moldes, seguindo as regras da Escola original, mantendo como pré-requisitos os encontros periódicos como forma de acompanhamento e de esclarecimento dos alunos.

Atualmente, o ensino do Reiki tem muito a ver com o sistema original, apesar da didática e a forma de passar os conteúdos serem peculiares a cada Mestre. Dentro do sistema Usui Reiki Ryoho, a distribuição do ensinamento tem sido a que divide a aprendizagem em quatro níveis (ver Tabela 1).

Quando o Reiki chegou ao Ocidente, pelo menos a maioria das linhagens descendentes da Mestra Hawayo Hiromi Takata, que denominava seu sistema de ensino como Usui Shiki Reiki Ryoho, não vinha com o nome em japonês, por isso foram traduzidos simplesmente como Nível 1, Nível 2, Nível 3 e Nível 3B.

Acredita-se que a "simplificação" ocorrida sobre o Reiki fosse necessária à época, tal como já foi apresentado detalhadamente no livro *Reiki sem mitos*. A seguir, descrevemos como o sistema de qualificação adotado por nossa linhagem leva ao caminho de um terapeuta de Reiki:

Primeiro Nível - Shoden

Começa a aprendizagem dos conceitos sobre as origens, corpo energético, filosofia de vida, autotratamento. O aluno poderá começar a aplicar Reiki em si mesmo nos colegas de curso, familiares mais próximos, plantas e animais domésticos.

Segundo nível - Okuden

Aprofunda a prática com a introdução de símbolos, o envio de Reiki à distância, uma forma mais sistemática de tratar outras pessoas e a introdução do voluntariado, oportunidade para treinar suas práticas e sedimentar o conhecimento.

Terceiro Nível - Shinpiden

Aprofunda a prática com aprendizagem de um quarto símbolo e uma grande transformação pessoal, uma vez que neste nível o praticante utiliza novas ferramentas para aprofundar o conhecimento de si mesmo e trabalhar a espiritualidade, recebendo embasamento para aplicar tratamentos mais completos a outras pessoas.

Quarto Nível - Gokukaiden

Conhecido no ocidente como nível 3B, aprende a ensinar outras pessoas que serão seus alunos. Este nível não é obrigatório para trabalhar como terapeuta. Trata-se de uma aprendizagem focada no ensino e nas técnicas de iniciação, a responsabilidade do professor para o acompanhamento de seus alunos.

Para se tornar um terapeuta é necessário desenvolver a prática diligente, continuada e consciente do ensinamento recebido nos três níveis básicos. Um praticante que alcançou o correto entendimento do ensinamento mantém o autocuidado, cumprindo a filosofia dos cinco princípios, o código de ética, tendo um largo e diferenciado tempo de experiência que lhe permite tratar cada situação apresentada.

A formação de um técnico de Reiki tem vários níveis. Gendai Reiki Ho está estruturado em quatro níveis, tendo como meta vibrar com o Reiki constantemente, aumentar a ressonância e almejar completar a aprendizagem.

Nível		Propósito	Tema
1 Shoden	Cura física e técnicas para a saúde. Cura mental, emocional e Reiki a distância	Conseguir a capacidade para curar o corpo.	Neste nível completamos a capacidade básica para curar abrindo o canal por onde passa o Reiki e praticando a imposição de mãos em nós mesmos e pessoas próximas.
2 Okuden		Desenvolver a capacidade para curar pensamentos e emoções.	É o nível em que utilizando símbolos aumentamos a capacidade para curar usando as técnicas avançadas.
3 Shinpiden	Elevar a espiritualidade (técnicas para a felicidade). Ensina a transmitir e capacitar o Mestre.	Desenvolver a capacidade para curar a alma e o espírito.	Neste nível aprendemos a alcançar a verdadeira felicidade (o estado máximo de paz) segundo os ensinamentos de Usui Sensei.
4 Gokuikaiden		Ensinar e expandir o número de canais de Reiki.	Neste nível aprofundamos nossa própria aprendizagem enquanto apoiamos as pessoas que o desejam para melhorar a qualidade de suas vidas.

Tabela 1 – Resumo do sistema de qualificação Gendai Reiki Do
Fonte: Mick.W.H- Reiki sem mitos - Editora Mérito Curitiba 2016

4.2.1 Nossa Escola

Somos uma -escola formada por Mestres de Reiki experientes, tendo com objetivo prestar consultoria, *coaching mentoring*, apoio, aprimoramento, esclarecimentos e serviços aos Mestres e praticantes de Reiki. Uma grande parte dos nossos esforços está na consolidação de conhecimentos, na aplicação das técnicas originais, na ética e na regulamentação da terapia Reiki.

Nosso grupo tem adotado parcerias com escolas, organizações e associações holísticas e de Reiki no desenvolvimento dos seus próprios projetos. Queremos assumir uma solidificação contemporânea da terapia do Reiki e um desenvolvimento sustentado pelas técnicas e esclarecimentos de dúvidas, mediante assessoria estratégica por meio do projeto de aprimoramento Shin-Shin Kaizen: Reiki Counseling, Coaching & Mentoring.

Uma das principais razões é a divulgação da correta técnica do Reiki, visando à capacidade de curar a si mesmo e a quem nos procura; o ensino aos novos praticantes; esclarecer dúvidas e definir atitudes e práticas que fazem sentido para maior compreensão dessa arte complementar.

Focando a missão de conservar a ideologia original do Usui Reiki original, temos procurado dar destaque à compreensão do Reiki, por intermédio da formação e aprimoramento de Mestres e terapeutas. Ainda, promover a conscientização de Reiki tradicional japonês.

Informações gerais

Gendai Reiki Ho Brasil, tal como a Gendai Reiki Healing Association do Japão, fornece um sistema de suporte para todos os praticantes de Usui Reiki, independentemente da escola ou linhagem. Também divulga informações sobre o Reiki japonês tradicional, oferece assessoria ou suporte para reikianos do Brasil por intermédio do centro de apoio ao aluno.

A escola promove a conscientização dos sentimentos de paz, amor, conexão, vida e gratidão por meio do Reiki, edita livros e material didático de formação e aprofundamento para seus alunos.

5

REIKI COMO TERAPIA

Antes de ser terapeuta Reiki somos praticantes e devemos ter a consciência da importância que isso tem em nossas vidas e na dos outros e que, para estarmos bem com os outros, precisamos estar bem conosco mesmos. Por outro lado, é cada vez mais uma profissão respeitada com credibilidade. Em gabinetes, spas e hospitais, o terapeuta Reiki encontra o seu lugar dentro das terapias complementares, no apoio ao bem-estar e à saúde das pessoas.

O terapeuta Reiki não é só aquele que utiliza todas as técnicas, mas também aquele que trabalha com o coração. Cada pessoa que está à frente de um terapeuta é única e merece todo respeito e amor. Ainda, perceber que somos praticantes não impede de ficarmos doentes e de tomar consciência de nossa humanidade e fragilidade, porque, muitas vezes, os desequilíbrios e desarmonias ajudam a compreender melhor a si mesmo e aos outros.

De 1922 até hoje, o Reiki passou por muitas transformações, resultantes do acréscimo de saberes, pela adição de técnicas e mudanças na sua forma de esclarecimento e formação. Hoje, vemos o Reiki ser aplicado em vários hospitais, tais como o hospital da Cruz Vermelha, ou hospital da Santa Casa da Misericórdia; em asilos, no apoio aos seus idosos; e como terapia em congressos acadêmicos sobre Reiki. Já existem diversos trabalhos acadêmicos sobre o Reiki, pois os efeitos do Reiki como terapia são observáveis e testemunháveis.

5.1 OBJETIVO DA TERAPIA REIKI

O objetivo é proporcionar um caminho terapêutico pelo qual a pessoa reestabelece sua capacidade autocurativa. O método Gendai Reiki Ryoho é uma forma de manter-se em equilíbrio e harmonia, não só como terapia, mas também como um estilo de vida.

Dito isso, é importante salientar que o Reiki surgiu no Japão, com o Mestre Mikao Usui. Um dos princípios é o Anshin Ritsumei, que significa mente calma ou, em tradução literal, alívio. O Anshin Ritsumei é uma forma de alcançar a paz de espírito de maneira duradoura ou o alívio no sentido de serenidade plena.

Conforme visto anteriormente, o Reiki é considerado pelo Ministério da Saúde uma prática integrativa, que compõe a Política Nacional de Práticas Integrativas e Complementares, juntamente com outras formas de terapia.

As práticas integrativas e complementares também são definidas pela Organização Mundial da Saúde (OMS) como medicina tradicional e complementar. O termo integrativo é usado quando existe associação da terapia médica convencional aos métodos complementares ou alternativos, a partir de evidencias científicas.

5.2 A TERAPIA NA FUSÃO DAS CULTURAS – OCIDENTE/ ORIENTE

Encontramos uma fusão curiosa nas diferentes culturas dessa sociedade cada vez mais global – Os ocidentais pretendem aprender os saberes orientais e os orientais pretendem aprender a cultura ocidental. Esse enriquecimento cultural vem da abertura na comunicação e na partilha dos estilos de vida e está presente no estilo Gendai de Reiki.

Nós, ocidentais, mais habituados ao ritmo agitado cotidiano, buscamos a serenidade dos jardins Zen do Japão, uma imagem que nos remeta para uma filosofia de serenidade e vazio; procuramos as posturas do Yoga, da Índia; indagamos alternativas na Medicina Tradicional Chinesa; e alguns encontram no Budismo Indiano ou Tibetano as respostas às suas questões interiores. Isso se dá porque o mundo está cada vez mais aberto, mais próximo e mais fundido em termos culturais.

É nesse sentido que a procura e a prática da filosofia de vida do Reiki – que é oriental – venha da necessidade de encontrarmos serenidade e os métodos para atingirmos a felicidade.

Desde os anos 90, alguns praticantes de Reiki vêm encontrando um caminho natural e com sentido, uma profissão – ser terapeuta de Reiki. A formação estende-se ao longo dos três níveis básicos (Shoden, Okuden Shinpiden) e procede dos saberes, competências, partilhas e práticas daí resultantes. A maioria desses praticantes não tem qualquer ligação a alguma área da saúde e é interessante observar que muitos vêm de outras profissões.[17]

5.2.1 As necessidades para o bem-estar

O nosso ritmo de vida desmesurado, reflexo das orientações da sociedade em relação ao consumo e *status quo*, leva a uma paragem forçada, a um momento de reavaliação da forma de estar e ser. A pessoa quer encontrar o seu bem--estar e o equilíbrio por meio do exercício físico; das práticas orientais relativas ao campo físico, como o Yoga e o Tai Chi; e nas práticas no campo energético, como o Reiki e o Chi Kung, entre outras.

---

[17] Por exemplo, ministramos o curso de formação em Reiki na Faculdade Ibrate, com ênfase profissionalizante. Damos importância a auxiliar os alunos a adquirir outros saberes e competências, que venham a completar e aprofundar sua prática, visando a integrar outras áreas terapêuticas ou profissionais.

Dizia Emmanuel Kant que *"toda a reforma interior e toda a mudança para melhor dependem exclusivamente da aplicação do nosso próprio esforço"*. É esse esforço que, hoje em dia, a pessoa procura, com a motivação de ultrapassar as exigências do cotidiano, encontrar-se com ela mesma para atingir o equilíbrio.

5.2.2 A quebra de dogmas e a inflexão nos paradigmas da ciência

A Carta de Ottawa definiu a promoção da saúde como o processo que permite às pessoas o aumento do controle sobre e para a melhoria da saúde. Essa ideia de empoderamento deve ser entendida como um reforço da capacidade de cada um decidir acerca de si próprio, devendo ser informado sobre cada caminho e suas consequências.

A Carta de Ottawa é um documento apresentado na Primeira Conferência Internacional sobre Promoção da Saúde, realizado em Ottawa, Canadá, em novembro de 1986. Trata-se de uma Carta de Intenções que procura contribuir para as políticas de saúde em todos os países.

Segundo a Organização Mundial de Saúde, mais de 80% dos casos de doenças coronárias, 90% de diabetes tipo 2 e um terço dos canceres poderiam ser evitados pela alteração de hábitos alimentares, atividade física e fim do tabagismo.

5.2.3 O Reiki independe de diagnóstico

Em primeiro lugar convém compreender a recomendação do fundador do Reiki: *"O Reiki é indicado de ir ao médico, durante o procedimento e, ainda, após o término, na volta para casa"*.

Costuma-se dizer no Reiki não se realiza diagnósticos, o que é verdade, pois não entra nas áreas do saber médico. Mas são utilizadas técnicas de avaliação específicas para medir as desarmonias, enquadradas no campo holístico, no campo energético da pessoa. Não é um *"diagnóstico"*, mas uma *"análise energética"* (denominada **Byosen** pelos japoneses) que visa a compreender o equilíbrio ou desequilíbrio energético da pessoa, algo que não pode ser equiparado a diagnósticos médicos convencionais.

A emanação de sintomas (que é denominada **hibiki**) refere-se às sensações que o praticante percebe ao entrar na aura do receptor.

O Mestre Hayashi explicou a técnica do Byosen da seguinte forma:

> Quando uma pessoa está doente o reikiano pode sentir algo transmitido pela fonte da doença. O que se sente pode variar consoante o tipo, gravidade, intensidade e estado da doença, bem como de pessoa para pessoa... Isto é byosen que pode aparecer numa área óbvia do problema, mas também pode ser sentido em outras áreas. (MAGALHÃES, 2017, p. 138).

5.3 O TRATAMENTO

Ao longo do aprendizado existem momentos importantes que podem ser vivenciados pelos alunos. São momentos distintos, necessários para o desenvolvimento das capacidades e habilidades de quem quer seguir o caminho do Reiki como terapia.

A aplicação de um tratamento de Reiki pode ser feita de muitas formas e, mesmo que o ensinamento seja mais formal ou exigente, como nas origens, cada pessoa sente a energia de forma diferente, sendo que a maneira como irá tratar terapeuticamente também será única em si mesma. É por isso que, ao longo do tempo de prática, o reikiano estará se preparando para:

Primeiro momento

Após a iniciação e o aprendizado das técnicas, sobre pilares e os princípios, iniciamos a prática. O aluno entra no período de purificação, crescimento e manutenção do seu corpo, mente e espírito, bem como dos centros energéticos. Significa praticar durante 21 dias o autotratamento, ensinado pelo Mestre: a posição de mãos, os princípios e o sentir dos sintomas. Essa é a base da prática terapêutica que virá depois.

O processo é necessário para que os canais energéticos aumentem e para que a percepção sobre a energia se torne cada vez mais clara. É o período no qual o Mestre se refere ao compromisso do aluno para seu próprio processo de cura e crescimento interior. O autotratamento é uma questão de amor próprio, que permite equilibrar de forma holística todo o corpo – físico, mental, emocional e espiritual – e de harmonizá-los.

O autotratamento Reiki é a parte mais importante para o equilíbrio do novo praticante e deve ser executado regular-mente, ou sempre que necessário, não só como tratamento, mas também como preparação para alcançar a própria felici-dade por meio da autotransformação sutil, como para quando for utilizar seu aprendizado terapeuticamente para outras pessoas no meio ambiente em que estiver inserido.

A prática do autotratamento ou autocuidado às vezes pode trazer dúvidas aos principiantes, levando-os a inibir-se na prática diária. A falta dessa prática implicará na impossibili-dade de vivências dos princípios. É recomendável lembrar que no autotratamento pode surgir uma constatação individual e será uma resposta para os desequilíbrios diários a que nossos corpos estão submetidos, e que sofrem pelo estresse externo e interno. A desarmonia cria condições de estagnação, vazio ou inflamação, que terão seu efeito como doenças, que serão tratadas pela medicina tradicional.

Segundo momento

Durante esse período é sugerido ao aluno que pratique e aprofunde o que aprendeu além da primeira etapa — o cuidar de si mesmo —, estendendo sua prática de treinamento para as plantas, animais domésticos, familiares ou pessoas do seu círculo de convívio. É quando vai aprender e solidificar o "sentir" a energia e interpretar as percepções que mais tarde serão úteis no tratamento a terceiros.

Começa a desenvolver o entendimento profundo dos símbolos e dos princípios ao relacioná-los com os humores, valores, emoções e sensações que vai encontrando durante suas práticas.

É quando começa a desenvolver a meditação, a intuição e a autoconfiança; a escutar o que a energia diz, através das técnicas específicas aprendidas; terá melhor percepção sobre si mesmo e sobre o ambiente em que está inserido.

Terceiro momento

Quando o aluno começa a praticar para solucionar algum sintoma físico em outra pessoa, no que é denominado tratamento a terceiros (que, inclusive, pode ser por meio do voluntariado). É quando sentirá os desequilíbrios e perceberá como a energia trabalha na harmonização das pessoas, atuando em suas doenças, e novamente estará aprofundando seu sentir, intuir e perceber.

Verá situações de grande desvitalização, perceberá quando as pessoas estão com bloqueios e energias densas. Esse momento indica um excelente progresso no crescimento do praticante, por isso é indicado que se pratique sempre que necessário ou achar oportuno.

Ao se deparar com o momento em que o Reiki pode ajudar ou ser ajudado por outras práticas, o quanto serão benéficas para a pessoa, entenderá como e por que o Reiki é uma prática complementar e integrativa, trazendo novas perspectivas e saberes. Esse é o momento de uma abordagem holística e integrativa, que visa à saúde e ao bem-estar daquele que recebe.

Existe um momento em que a experiência acumulada e o uso das técnicas recomendadas e dos símbolos remetem a uma compreensão de tratamento a partir do nível III, em que desenvolvemos a percepção de quem somos, da luz interior que necessitamos e da relação do Reiki como uma orientação para a vida.

O tratamento espiritual permite alcançar a essência que muitas vezes parece estar desligada. A pessoa vai encontrar conscientemente sua luz interior, clareando algumas trevas internas. Na maioria das vezes será bem empregado nos casos em que as pessoas se sentem perdidas de si mesmas, sem perceber ou encontrar objetivos de vida.

É justamente aqui que se torna ainda mais importante praticar os princípios éticos e filosóficos para alimentar a mente e o coração e cuidar do corpo. Eu volto a reforçar o olhar de Usui Sensei. Ele começa pelo espírito como mais importante, como dizia o Mestre Mikao Usui:

"Em primeiro lugar, temos de curar o nosso espírito.
Em segundo lugar, temos de manter o corpo saudável".

5.3.1 Aplicação do Reiki

A aplicação de Reiki não é feita única e exclusivamente pelas mãos. Como a energia flui por todo o nosso corpo, o Mestre Mikao Usui, no seu manual (Usui Reiki Hikkei), indicava que a energia podia também fluir pelos olhos e pelo sopro, além das mãos. Porém em momento algum ele recomenda qualquer outro instrumento de suporte.

Naturalmente, hoje em dia o Reiki tem sido um apoio a outras terapias, como nos casos da aplicação do Reiki visando a potencializar acupuntura. Veterinários utilizam Reiki para potencializar seu tratamento aos animais. Outros praticantes gostam de conjugar a Energia Universal com cristais, entre outros exemplos. No entanto o método terapêutico não necessita de acessórios ou instrumentos para ser realizado.

A aplicação de energia não realiza nenhum milagre, nem o praticante é um curador. A pessoa, o receptor, sim, é que fará com que o poder autocurativo do seu corpo corresponda e caminhe ao equilíbrio e harmonia, se a sua condição o permitir. Ou seja, os efeitos dependem sempre da pessoa que recebe. É por isso que duas pessoas com o mesmo problema poderão ter resultados diferentes; para uma há uma "cura" quase instantânea, enquanto que para outra parece que nada se passa. Tudo tem a ver com as condições da pessoa.

5.3.2 Periodicidade e duração da aplicação

Depende da condição. Existem casos em que é feita uma sessão diária, ao longo de determinado tempo, até uma sessão por semana, de quinze em quinze dias, ou mais esporadicamente. Ou seja, tudo tem a ver com a forma como a pessoa reage à energia e a intenção pela qual está recebendo.

Há dois aspetos diferentes de atendimento: o voluntariado e a consulta. Numa circunstância de voluntariado, o processo pode ser de cerca de 20 a 30 minutos, pois se limita ao tempo do atendimento ao cliente. Quanto à consulta (sessão completa), pode ser realizada em pouco mais de uma hora, uma hora e trinta minutos, pois existe toda uma fase de pré-avaliação, anamnese e depois um fecho da sessão e, se necessário, sessões complementares posteriores, com menor tempo de duração.

5.3.3 Principais benefícios

Os efeitos da prática são diferentes de pessoa para pessoa. Algumas pessoas sentem uma grande serenidade e alívio da dor, outros, uma grande força interior que ajuda a ultrapassar a debilidade emocional de uma doença ou de um momento de vida. O Mestre Usui indicava: *"Reiki pode ser aplicado em quaisquer situações pelas quais a pessoa esteja passando"*. Mesmo que alguém estivesse em fase terminal, ele aconselhava que continuasse até o fim, porque ajudaria a pessoa a encontrar paz e bem-estar interior.

5.3.4 Por que as pessoas procuram o Reiki?

Antigamente, muitas pessoas procuravam para curar os outros. Hoje em dia, felizmente, já se compreende que o Usui Reiki Ryoho é, em primeiro lugar, para nós próprios e depois para os outros, assim como muitos procuram para alcançar mais calma e confiança na vida, ou, ainda, como instrumento para alcançar espiritualidade — a grande paz interior.

5.3.5 Auxílio na cura física e emocional

O Reiki pode curar doenças físicas ou de fundo psicológico e emocional. Dependendo das condições da pessoa, em casos como feridas, hematomas, recuperação de intervenções, quimioterapia entre outros, o Reiki tem auxiliado para recuperação mais rápida e com a diminuição de sintomas secundários. Reiki também é utilizado para aliviar o estresse, a ansiedade e a depressão, inclusive em questões relacionadas à oncologia, odontologia e no cuidado veterinário.

Os alunos de Reiki são orientados a nunca afirmar que Reiki seja uma terapia "alternativa" porque a pessoa é um todo e o Reiki é complementar e integrativo. Ou seja, o Reiki não age exclusivamente, mas é inclusivo, integra-se bem tudo o que a pessoa faz. Não podemos atribuir responsabilidade única ao Reiki. Por isso mesmo é que devemos sempre considerar levar uma vida mais saudável e também saber proporcionar isso aos outros.

5.4 O ÂMBITO DA TERAPIA REIKI

Reiki é, em primeiro lugar, uma filosofia de vida estabelecida nos cinco princípios, acompanhado por um trabalho energético que é feito com o autotratamento. Com o desenvolvimento e crescente compreensão da energia, um praticante de Reiki pode chegar a terapeuta. Apesar disso, alguns praticantes *já realizam sessões a outros com o segundo nível,* mas é preferível que se obtenha experiência, vivência e competências que a profundidade de um terceiro nível, o Shinpiden, traz.

O âmbito do Reiki, enquanto terapia, é o do equilíbrio energético da pessoa. Apesar de termos posições fixas para tratamento e algumas recomendações dadas pelos Mestres

Usui, Hayashi, Hiroshi Doi, o tratamento das mesmas situações pode variar de pessoa para pessoa. No campo terapêutico, o Reiki tem um âmbito holístico – olha a pessoa como um todo, trabalha a pessoa como um todo para o seu equilíbrio.

Conhecer e ter experiência de uso de técnicas e práticas de Reiki a outros é fundamental para um profissional. Nesse sentido, aconselha-se que invistam em aperfeiçoamento continuado, agregando valor com outras práticas, integrando conhecimentos que objetivam o bem-estar, conforto, harmonia e equilíbrio dos seres que se tornam seus clientes, familiares e amigos.

5.4.1 O Reiki e outras terapias, disciplinas energéticas e medicina

O Reiki tem passado de disciplina de desenvolvimento pessoal para terapia complementar a passos largos nos últimos cinco anos. O crescente esclarecimento, assim como o aumento de praticantes de pessoas que recebem e o buscam, levou ao fato de que, cada vez mais, o Reiki seja procurado como terapia.

Quando o Reiki, além do bem-estar espiritual e emocional, é visto como promotor da saúde e entra muito nesse universo, deparamo-nos com várias questões – em qual o âmbito a terapia Reiki se liga a outras terapias, a medicina e as disciplinas energéticas.

Reiki é uma terapia complementar e, como tal, não é exclusiva, mas, sim, inclusiva, integrativa e complementar. Trabalha e pode trabalhar com todas as outras terapias, medicina e outras disciplinas, sem contraindicações. O terapeuta de Reiki muitas vezes aconselha a pessoa que acompanha a receber outras terapias, a procurar aconselhamento ou mesmo a praticar yoga ou chi-kung como disciplinas energéticas.

Nem sempre o mesmo acontece por parte das outras terapias ou disciplinas energéticas. Por um lado, tal situação passa por um desconhecimento do que é o Reiki enquanto terapia energética, por outro, por alguma situação de exclusivismo. Se quisermos tratar holisticamente uma pessoa, devemos ter consciência de que não só a nossa prática será boa para ela, mas que outras também poderão favorecer a restituição da sua saúde.

É aconselhável que haja uma troca de informação entre as várias terapias a serem realizadas à mesma pessoa, para que todos tenham conhecimento, dentro do código deontológico de cada prática, dos objetivos e do percurso terapêutico que cada um esteja realizando. Por exemplo, o Reiki pode trabalhar para redução da ansiedade e potencializar a acupuntura para mais energia, o que pode originar diferentes reações e percursos na pessoa.

Sobre as disciplinas energéticas, como o Yoga e o Chi Kung, se a pessoa procurar essas disciplinas como forma terapêutica, deverá comunicar para que o profissional possa fazer um trabalho mais personalizado com ela, se isso for possível, indicando também que está recebendo Reiki (por exemplo) para o tratamento das suas questões. Se for necessário, o terapeuta de Reiki poderá também indicar o percurso terapêutico que está realizando e o objetivo a atingir.

Trabalhar todos em conjunto, para a saúde da pessoa, é mais importante do que cada um tentar manter a exclusividade do seu trabalho. Se um profissional de Yoga, como exemplo, não compreender o que é Reiki, na sua forma terapêutica e o que está sendo feito com a pessoa, é preferível que peça esclarecimentos e não que indique a restrição dessa terapia ou de outras àquela pessoa.

A prática do Reiki como terapia também pede profissionalismo, ética e um grande sentido de bom senso. Falta ainda um longo caminho para um maior reconhecimento, e, por parte dos terapeutas, uma divulgação mais precisa do trabalho, pois cada um é a própria face da terapia toda vez que a pratica. Assim, como terapia integrativa, o Reiki pode ser usado com outras terapias e cuidados médicos.

Importante ressaltar que o médico ou terapeuta tenha conhecimento de que o cliente está realizando tratamento com Reiki, para que a saúde seja tratada de forma holística, ou seja, em sua totalidade. A prática requer uma dose generosa de ética, lembrando sempre que o aplicador é apenas um canal por onde a energia curativa do Reiki passa. E para que surja o melhor resultado, a autocura do cliente também precisa estar em consonância.

Ao realizar uma sessão de Reiki necessitamos ter uma perspectiva bem mais ampla de que o "simples" momento de colocar as mãos no receptor. Tudo começa com a própria preparação do espaço e do terapeuta, entre cada sessão.

5.4.2 Dar força ao amor, não reprimir, não parar

Cada repressão de sentimentos do bem provoca certa irregularidade nas funções cardíacas e, em consequência, a pulsação muda. Os pensamentos e emoções negativas, como o medo, a raiva, a desconfiança, a ingratidão ou a dúvida (entre outros) são como veneno. Eles, discreta, paulatina e cumulativamente, vão se depositando, durante dias, meses ou anos, na corrente do sangue, e o envenenam.

Os pensamentos negativos de dúvida e descrença têm efeito prejudicial sobre todo o organismo – *cérebro*, pulmões, *fígado, coração,* etc.– e toda vitalidade e, então, o sistema nervoso da pessoa fica completamente exausto e falha.

O amor deve estar em equilíbrio com o coração e a mente. E o pensamento divino deve vir. Exemplos de condições que mostram discordância entre o coração e a mente: indisposição, irritabilidade, desencorajamento, medo, ansiedade, mal-estar, descontentamento, ódio, etc.

Então, a função respiratória, o fígado, a digestão e a circulação sanguínea são perturbadas. Quando uma pessoa se preocupa muito, a ansiedade provoca um problema em todo o sistema digestivo e, em consequência, o problema é transmitido para os pulmões, depois para o cérebro e para o nervo ótico. Quando o nervo ótico enfraquece, a vista começa a falhar gradualmente. A digestão, além de um processo orgânico, é também físico.

Tem sido observado que os pensamentos e sentimentos positivos são benéficos para o sistema digestivo, e os negativos são desfavoráveis para ele. A gula e a cobiça por prazeres perturbam o sistema digestivo. Quando o estômago não funciona bem, o sistema cerebral também é desorganizado.

5.5 PICS – PRÁTICAS INTEGRATIVAS E COMPLEMENTARES EM SAÚDE

Trago um novo contexto do Reiki na relação com a saúde. O Reiki passou a ser inserido nas Práticas Integrativas e Complementares em Saúde (PICs) humana, conforme publicado no Diário Oficial do Paraná, em 20 de dezembro de 2018, a lei estadual que recomenda aos municípios implantar as terapias complementares e integrativas como parte dos serviços reconhecidas e recomendadas para uso no Sistema Único de Saúde (SUS).

Esse é um movimento que vem ocorrendo desde a Conferência de Alma Ata, quando a Organização Mundial da Saúde (OMS) recomendou aos estados-membros que reformulassem as políticas visando à integração de sistemas médicos complexos e recursos terapêuticos (também chamados de medicina tradicional e complementar/alternativa ou práticas integrativas e complementares) aos sistemas oficiais de saúde e, de certa forma, isso vem ocorrendo no mundo inteiro.

Considere-se também a crescente demanda da população brasileira, percebida em conferências nacionais de saúde. Além da necessidade de normatização das experiências existentes no Sistema Único de Saúde (SUS), o Ministério da Saúde aprovou a Política Nacional de Práticas Integrativas e Complementares (PNPIC).

Isso vem contemplando inúmeras áreas e promovendo a institucionalização. Os sistemas legislativos estaduais começaram a regulamentar a ação visando à implantação nos estados e municípios, como visto no Paraná (texto em anexos e adendos).

Houve uma crescente demanda da população Brasileira, por meio das Conferências Nacionais de Saúde e das recomendações da Organização Mundial de Saúde (OMS) aos estados--membros, para formulação de políticas visando à integração de sistemas médicos complexos e recursos terapêuticos (também chamados de Medicina Tradicional e Complementar - MT/MC ou Práticas Integrativas e Complementares).

Assim, os Sistemas Oficiais de Saúde, além da necessidade de normatização das experiências existentes no SUS, e o Ministério da Saúde, aprovou a Política Nacional de Práticas Integrativas e Complementares (PNPIC). Foram contempladas, em um primeiro momento, as áreas de Homeopatia, Plantas Medicinais e Fitoterapia, Medicina Tradicional Chinesa/Acupuntura, Medicina Antroposófica, Reiki, Yoga, meditação e outras, promovendo a institucionalização dessas práticas no Sistema Único de Saúde (SUS).

5.5.1 A política nacional de PICs tem como objetivos

1. Incorporar e implementar as Práticas Integrativas e Complementares no SUS, na perspectiva da prevenção de agravos e da promoção e recuperação da saúde, com ênfase na atenção básica, voltada ao cuidado continuado, humanizado e integral em saúde.

2. Contribuir para o aumento da resolubilidade do SUS e ampliação do acesso à PNPIC, garantindo qualidade, eficácia, eficiência e segurança no uso.

3. Promover a racionalização das ações de saúde, estimulando alternativas inovadoras e socialmente contributivas ao desenvolvimento sustentável de comunidades.

4. Estimular as ações referentes ao controle/participação social, promovendo o envolvimento responsável e continuado dos usuários, gestores e trabalhadores nas diferentes instâncias de efetivação das políticas de saúde.

Dentre as suas diretrizes destacam-se:

- Estruturação e fortalecimento da atenção em PIC no SUS.

- Desenvolvimento de estratégias de qualificação em PIC para profissionais do SUS, em conformidade com os princípios e diretrizes estabelecidos para Educação Permanente.

- Divulgação e informação dos conhecimentos básicos da PIC para profissionais de saúde, gestores e usuários do SUS, considerando as metodologias participativas e o saber popular e tradicional.

- Estímulo às ações intersetoriais, buscando parcerias que propiciem o desenvolvimento integral das ações.

- Fortalecimento da participação social.

- Provimento do acesso a medicamentos homeopáticos e fitoterápicos na perspectiva da ampliação da produção pública, assegurando as especificidades da assistência farmacêutica nesses âmbitos na regulamentação sanitária.

- Garantia do acesso aos demais insumos estratégicos da PNPIC, com qualidade e segurança das ações.

- Incentivo à pesquisa em PIC com vistas ao aprimoramento da atenção à saúde, avaliando eficiência, eficácia, efetividade e segurança dos cuidados prestados.;

- Desenvolvimento de ações de acompanhamento e avaliação da PIC, para instrumentalização de processos de gestão.

- Promoção de cooperação nacional e internacional das experiências da PIC nos campos da atenção, da educação permanente e da pesquisa em saúde.

- Garantia do monitoramento da qualidade dos fitoterápicos pelo Sistema Nacional de Vigilância Sanitária.

Lembro que nas décadas de 70/80 (quando trabalhava como jornalista) era comum perceber nos jornais e outros meios de comunicação o uso da palavra "alternativa" ao citar alguma prática não tradicional ou não reconhecida pela medicina. Isso provocava desconforto na classe médica, inclusive em outros órgãos de cuidados da Saúde.

Nos anos 90 começou o período em que os próprios terapeutas deixavam de usar a denominação conflitante. Passaram a substituir por outras formas que pudessem evitar um sentido de opção. Por coincidência ou não, as ações políticas começaram a ser mais intensas, embora ainda ineficazes, o que começou a acontecer a partir do novo século.

Atualmente, denomina-se por medicina complementar ou medicina integrativa, embora sejam usados mais para definir um conjunto de abordagens de cuidados em Saúde, ainda assim difíceis de definir assertivamente, pois podem significar coisas diferentes para pessoas diferentes. Eis alguns conceitos ainda utilizados hoje:

Alternativa: refere-se a uma abordagem não convencional no lugar de medicina convencional no sentido ou/ou. Mesmo assim, ainda causa muita controvérsia .

Complementar: geralmente se refere a uma abordagem não convencional em conjunto com a medicina convencional.

Integrativa: aqui as abordagens podem ser consideradas como parte da medicina ou cuidados de Saúde, em centros de tratamento de câncer com programas de Saúde que podem oferecer serviços como acupuntura, meditação ou Reiki para ajudar a controlar sintomas ou efeitos colaterais para pacientes que estão recebendo tratamentos convencionais, como quimioterapia.

Atualmente, muitos prestadores de serviços em Saúde, bem como sistemas de Saúde estão integrando várias práticas fora da medicina tradicional no tratamento e promoção da Saúde humana, e a tendência é crescente, embora seja comum ver expressões como: "Abordagens complementares em Saúde". Ainda é possível observar dois grandes grupos: Saúde natural e práticas de mente e corpo.

Saúde natural: este grupo inclui uma variedade de produtos, tais como ervas (plantas), vitaminas e sais minerais e probióticos. São largamente comercializados, prontamente disponíveis e frequentemente oferecidos como suplementos alimentares, cujo interesse e consumo têm crescido muito nas últimas décadas.

Práticas de mente e corpo: incluem um grupo grande e diversificado de procedimentos ou técnicas aplicadas e/ou ensinadas por um médico ou professor treinado, por exemplo:

Acupuntura: estimula pontos específicos do corpo, com ou sem o uso de agulhas.

Massagem: muitas técnicas diferentes que manipulam os músculos e tecidos moles do corpo.

Técnicas de meditação: mindfulness, meditação transcendental e algumas práticas orientais que envolvem maneiras de uma pessoa aprender a concentrar a atenção.

Terapias de movimento: ampla gama de abordagens baseadas em movimentos como Feldenkreis, Alexander, Pilates Rolfing, integração estrutural e/ou psicofísica.

Técnicas de relaxamento: exercícios de respiração, imaginação guiada, relaxamento muscular progressivo. As técnicas são projetadas para produzir respostas de relaxamento natural.

Manipulação espinal: praticada por profissionais de Saúde, como quiropráticos, médicos osteopatas, naturopatas e fisioterapeutas. Utilizam as mãos ou instrumentos para manipular a coluna vertebral.

Tai chi/Ki Gong: práticas chinesas e japonesas que combinam movimentos específicos ou posturas, com movimento e respiração coordenada; foco mental.

Vários estilos de Yoga: são utilizados para fins de saúde, normalmente combinando posturas físicas ou movimento com técnicas de respiração e meditação, ou como prática de Yogaterapia/Ayurveda.

Outras modalidades: incluem hipnoterapia, o toque de cura ou a imposição de mãos, e nesta categoria geralmente se inclui o Reiki:[18] *método complementar e integrativo em saúde devidamente catalogado pelo* Concla, conforme visto anteriormente, em que os praticantes utilizam suas técnicas e práticas objetivando facilitar a resposta de cura da pessoa que recebe o tratamento.

---

[18] O Reiki, como disciplina acadêmica, é ensinado por nos cursos de Práticas Integrativas na Faculdade Ibrate em Curitiba, bem como formação básica dos três primeiros níveis em projeto específico.

6

O TERAPEUTA REIKI

Com a integração cada vez maior de terapeutas Reiki em clínicas, spas e outros estabelecimentos de saúde e bem-estar, aumenta o grau de exigência, a necessidade de compreender o âmbito de trabalho e as competências de um terapeuta de Reiki. Surgem, frequentemente, questões relevantes:

- O que é ser terapeuta?

- Como sei que tem os cursos que diz ter?

- Como poderei avaliar o conhecimento do terapeuta de Reiki?

- Quais os graus acadêmicos ou forma de ensino no Reiki?

- Há alguma regulamentação, alguma classificação?

- Onde está o âmbito do seu trabalho?

- Realmente, o que é o Reiki enquanto terapia?

- Pode ser integrado a outras práticas?

- Que tipo de necessidades de equipamento há para decorrer uma sessão de Reiki?

- Enquanto espaço, que valor, ou percentagem, cabe ao terapeuta?

Terapeuta de Reiki é alguém que teve todo o seu percurso básico, (nível 1; nível 2 ao nível 3, pelo menos)[19], desenvolveu a prática dos ensinamentos e sente no seu interior que Reiki é uma vocação que o realiza, com a mesma certeza de que irá auxiliar quem o procura.

O Reiki não escolhe graus acadêmicos nem profissões prévias. Todos podem praticá-lo. Dependerá mais da construção da sua entrega pessoal, ao sentir o saber prático do que propriamente a sua formação acadêmica.

6.1 O QUE É SER UM TERAPEUTA REIKI

Levar a harmonia, o equilíbrio e a saúde integrativa para todo aquele que necessite e deseja, por meio de uma prática holística, e ajudar numa transformação na pessoa e em si mesmo. Para que isso possa ocorrer é importante estar sempre atento a três fatores: *relacionamento familiar, tratamento regular e aconselhamento.*

6.1.1 Relacionamento familiar

Assim como psicólogos, médicos e outros profissionais da área da saúde, é necessário prestar atenção que ao falar das situações com que nos deparamos no dia a dia, podemos estar carregando os outros com as energias que nem mesmo nós queremos. Sabemos que virão pessoas com sérios problemas emocionais e físicos e conversar sobre as situações (no dia a dia podemos acabar falando sobre o assunto com pessoas próximas, como cônjuges, filhos ou amigos), pode levar a uma saturação na relação pessoal com quem amamos.

---

[19] O nível 4 de mestre/professor pressupõe prática e conhecimento terapêutico superior para ensinar novos alunos.

Por esse motivo, a técnica japonesa conhecida como Kenyoku-ho (banho seco) é indicada nesses casos. Outro ponto importante é evitar mencionar os conflitos dos clientes com outras pessoas, pois dessa forma você pode carregar uma energia que não é sua e que não deseja. Os cinco princípios e um bom código de ética podem ajudar com isso.

6.1.2 Tratamento regular

O reikiano deve ter consciência de que também ele precisa ser tratado por outro terapeuta, contudo, o autotratamento é muito importante para compreender a energia, promover equilíbrio e harmonia, criar o percurso terapêutico para si mesmo e reafirmar o canal energético perante a Energia Universal.

O autotratamento forma a base do conhecimento para o cuidado com outros. É o momento em que o praticante realiza as técnicas sugeridas; os cinco princípios filosóficos em sua vida; as posturas tradicionais e sugeridas pelos Mestres, bem como as atividades de crescimento interior e desenvolvimento da consciência, incluindo o cuidado de familiares, amigos mais próximos, plantas e animais domésticos.

Desenvolver a sensibilidade e a intuição são dois aspectos importantes do crescimento pessoal do praticante durante os 21 dias que se seguem às iniciações. Para atingir o melhor potencial desses dois aspectos é necessário ter em mente que a prática, a entrega e o estudo fazem a arte.

Participar dos encontros regulares oferecidos pelos Mestres e desenvolver a prática com os colegas ajuda a compreender o que sentem os outros, aprendendo com a partilha e a troca de experiências.

Mais tarde quando iniciar o treinamento a outras pessoas, inicialmente sugere-se o trabalho voluntário como grande oportunidade para aprendizado. Havendo completado o segundo nível, inicia-se a prática de cuidados a terceiros, aprofundando os saberes e discernindo como e onde o Reiki necessita ser aplicado a outras pessoas. Esse é o momento de grande aprendizado, pois o praticante é colocado em situações as mais diversas, tendo que dar conta delas. É também o período em que surgem muitas perguntas, que devem ser esclarecidas junto ao professor.

6.1.3 O terapeuta Reiki como um técnico

Encontramos a etimologia dessa palavra no grego *tekhnikós* (artístico, habilidoso, operário), que nos remete para a "pessoa que conhece a fundo uma arte, uma ciência, uma profissão"; é um "profissional especializado, pertence ou é relativo exclusivamente a uma arte, uma ciência, uma profissão". É isso que um terapeuta Reiki é: um profissional especializado em REIKI.

Essa é a sua área de saber e de intervenção. A prática do Reiki é uma arte. Novamente, encontramos na origem da palavra a sua correta aplicação, do latim *ars, artis* – maneira de ser ou agir, conduta, habilidade, ciência, talento, ofício.

Como terapeuta, o reikiano desenvolve suas competências sem excluir outras práticas e saberes complementares relativos ao campo energético. É uma especialidade que ainda poucos compreendem. O Ocidente tem buscado a profissionalização, a credibilidade e o reconhecimento do terapeuta Reiki como um técnico.

Muito já foi feito para a divulgação e esclarecimento do Reiki, tanto por meio de palestras, fóruns e congressos, como por intermédio do voluntariado, tornando-o mais presente como resposta, aceitável e eficaz no cuidado da pessoa.

Terapeutas de Reiki devem ter orgulho e brio no trabalho, defender a especialidade e o saber com o trabalho diário. Ainda, trabalhar em conjunto com outros terapeutas da mesma ou de outras especialidades, e trabalhar em conjunto com todas as medicinas, visando ao bem-estar e ao melhor para a saúde dos pacientes/clientes.

6.1.4 A regulamentação

Ainda não existe uma regulamentação definitiva aplicada às terapias holísticas como o Reiki. No entanto o terapeuta Reiki no Brasil já pode ter uma referência por meio da Comissão Nacional de Classificação (Concla), que descreve como práticas integrativas e complementares em saúde humana - *Serviços de Reiki*, pelo código 8680-9/01, de janeiro de 2007. Há, também, um código ético/deontológico sugerido pela Associação de Mestres e Terapeutas de Reiki de Brasília.

6.1.5 A responsabilidade

Ser um reikiano implica em ter várias responsabilidades na mente e no coração, tomadas de consciência que devemos ter ao longo do caminho:

Para como Reiki: *captar a energia universal disponível para todos requer a compreensão de quem somos, quem são os outros e o que é o Universo. Conforme Mikao Usui transmitiu de forma bem clara: "Tudo no Universo é produzido e desenvolvido pelo Reiki. Os seres humanos são o microcosmo que obtém o grande espírito e todos temos uma parte desse grande Reiki no nosso corpo, por isso devemos cultivar sempre a espiritualidade". Promover a energia Universal para os outros é um grande ato de responsabilidade, que requer crescimento interior.*

Para consigo mesmo: aplicar Reiki a outros implica em ter condições físicas, mentais, emocionais, espirituais e energéticas necessárias, além de conhecimento para isso. É a isso que se refere o quarto princípio "Ser diligente, trabalhar honestamente sobre si mesmo visando à autotransformação".

Para com os outros: proporcionar aos outros aquilo que procuramos para nós mesmos é indicação para ser um excelente terapeuta. Ter competência, coração e capacidade de escutar a pessoa e o tempo de vida para saber reconhecer ou aconselhar.

Para com o espaço: respeitar o espaço em que você trabalha, sendo seu ou não. Cuidar da energia e prepará-lo antes de realizar uma sessão de Reiki.

Para com o estado: o trabalho profissional está enquadrado em um código de atividade auxiliar em saúde humana, conforme visto antes, ou seja, há que ter responsabilidade perante o estado, mantendo em dia suas obrigações sociais e trabalhistas.

Avaliar o conhecimento do terapeuta de Reiki

O ideal será combinar com ele uma sessão de Reiki em que todos os seus procedimentos/protocolos sejam realizados, como se fosse uma consulta feita a qualquer cliente. Dessa forma, pode estar dentro do processo a forma de agir e estar do terapeuta, além de usufruir de uma sessão de Reiki.

Como saber se tem os cursos/prática que diz ter?

Não existe ainda uma normatização e validação oficial a nível nacional dos cursos, mas, em caso de dúvida, pode pedir o contato do Mestre que o formou para que possa pedir uma opinião. No entanto deve ter também em conta a experiência na sessão de Reiki que realizar como terapeuta.

Quais os graus ou formas de ensino no Reiki?

Para se praticar Reiki não há qualquer requisito de escolaridade, é um ensino livre.[20] *A formação está dividida em três níveis básicos distintos: nível 1, nível 2, nível 3. Já o nível 4 é específico para a formação do professor iniciador (Mestre). Em alguns sistemas de ensino pode haver uma distinção de nível 3A e nível 3B, indicando que o último transmite o conhecimento para ensinar aos outros.*

Aos Mestres cabe formar.
Aos terapeutas cabe a prática da terapia, firmes na competência, ética e excelência.
Em cada consulta ou atendimento, o reikiano é a face do Reiki.

6.1.6 O aconselhamento

É importante manter-se conectado ao seu Mestre Reiki e colegas de profissão. Isso ajudará a aprender e compreender melhor o próprio processo. Estamos num momento em que o compartilhamento está sendo validado em todas as esferas da sociedade e aqui não poderia ser diferente. Aconselhar-se com outros terapeutas de sua confiança e seu Mestre pode auxiliar a ter outra visão sobre determinado problema.

- Cuidado com a ética. Nomes não devem ser divulgados, tanto do cliente quanto do Mestre ou outro terapeuta.

- O ACONSELHAMENTO DEVE SER CONFIDENCIAL.

- Quem aconselhou não conhece a fundo a questão, por isso pode dar sugestões a partir do ponto de vista dele. Você,

---

[20] O curso de Reiki é válido em todo território nacional, com amparo no Decreto presidencial nº 5.154, de julho 2004, arts. 1º e 3º. E na lei nº 9.394.

como profissional, deve fazer uma leitura do conselho com aquilo que você já havia definido.

Visando a amparar o esclarecimento, assim como incentivar os terapeutas Reiki a apresentar, da melhor forma possível, o seu currículo, e demonstrar a sua competência, sugerimos algumas indicações que podem ser úteis para responder a algumas indagações que podem vir de um possível cliente:

Tratamento profissional X Voluntariado

A parte profissional tem certa diferença do voluntariado pelas seguintes características:

- Requer espaço próprio ou terceirizado.

- Atendimento personalizado e caso a caso.

- Seguimento ao longo do tempo da mesma pessoa pelo mesmo terapeuta.

- Tempo de atendimento maior específico conforme necessidade ou gravidade.

- Pagamento do serviço.

6.1.7 A remuneração

Na prática de Reiki há também uma filosofia de vida que apela ao "trabalhar honestamente", citando um dos princípios de Reiki. Assim, encontrando paralelo entre vários espaços/clínicas pesquisados, há quem fica com 20/30%, outros que ficam com 40% dos valores de um atendimento (no caso de o profissional não ter espaço) ou, ainda, conforme o contrato de parceria.

O que se recomenda é que o espaço tenha em consideração a subsistência do terapeuta, pois é seu o esforço e dedicação nas horas de trabalho. O que é pago não é a Energia Reiki, mas o tempo, saberes e dedicação do terapeuta. Tudo deve ter um pré-acordo e esclarecimentos.

Há espaços que passam o recibo total ao cliente e o terapeuta passa o recibo de sua parte ao espaço (uma forma de equilibrar os compromissos com os impostos). Entre as duas partes deve-se encontrar a melhor resolução, sendo positiva e equilibrada entre ambos.

Já o terapeuta profissional deve cobrar pelo seu trabalho como outra profissão qualquer e dedicar-se também ao voluntariado, para atender àqueles que não podem pagar. Um passo importante para o profissional é não mistificar o Reiki para que se entenda que não envolve religião ou charlatanismo, e que existe muita técnica e estudo por trás de cada aplicação de Reiki.

Para saber quais valores devem ser cobrados recomenda-se fazer uma pesquisa na sua região em situações iguais ou semelhantes, levando em consideração os custos fixos e/ou variáveis. Um dos percalços está relacionado com o desmarcar horários agendados, situação para a qual se sugere que um dia antes seja confirmado pelo cliente, por meio de um contato telefônico ou mensagem.

6.2 O ESPAÇO

6.2.1 Onde e como é o seu trabalho

O Reiki é uma terapia holística, complementar e integrativa, que vê o homem como um todo, trabalha em conjunto com outras terapias e profissionais da saúde em todos os campos da pessoa - físico, mental, emocional e energético.

O terapeuta pode aplicar contato suave com a pessoa, indicando em que pontos irão tocar (ou colocar as mãos a uma ligeira distância), ao longo do seu corpo, excetuando as zonas privadas, partes sensíveis ou com feridas ou todas aquelas que o cliente não queira.

O cliente não se deve despir eventualmente apenas tirar óculos, cinto ou algum brinco/colar que possa ser incomodativo para ele por estar deitado. O objetivo do trabalho do terapeuta em Reiki é auxiliar a pessoa a ficar equilibrada em todos esses campos, aumentando a sua capacidade auto curativa e promovendo o seu bem-estar.

Há que dar atenção que o Reiki não implica conceitos religiosos ou espirituais; estes são pertencentes ao campo individual da pessoa e essa sim, expressá-lo-á conforme o seu estar na vida.

Sendo uma terapia complementar, o terapeuta não pode desaconselhar, ou mandar parar, a medicação ou o uso da medicina tradicional ou de outras terapias em andamento.

6.2.2 Equipamentos e ferramentas

Para o consultório é conveniente haver:

- Mesa e cadeiras, para que possa tomar os seus registros e receber os clientes.

- Maca, rolos de papel para cobri-la, almofada para cabeça e para debaixo dos joelhos (opcional).

- Pode haver necessidade de um pequeno banquinho para o caso de pessoas com dificuldade em subir na maca.

- Espaço para colocar um leitor de música, caso sinta a necessidade de colocar um som ambiente.

- Espaço para o cliente colocar as suas coisas pessoais, como casaco, mala etc., e paralelamente, o acesso a sanitários.

- O cliente também pode ser atendido simplesmente sentado em uma cadeira ou banquinho sem espaldar.

Ferramentas para um terapeuta reiki

No seu trabalho como terapeuta, há uma série de materiais de apoio que serão úteis. Na relação a seguir você encontrará algumas opções para seu melhor desenvolvimento profissional.

Mobiliário

- Maca dobrável.

- Bancos de apoio para o terapeuta e para clientes.

- Almofadas.

- Papel descartável para a maca.

- Produtos para higiene e limpeza do ambiente.

Material informativo

- Site ou blog.

- Folder informativo sobre o Reiki.

- Folhetos esclarecedores.

- Certificados da formação.

- Oportunidades de voluntariado, registros.

- Eventos de partilha.

Material profissional

- Ficha do cliente.

- Ficha de avaliação energética.

- Nota de consentimento ou esclarecimento.

- Folha para recomendações para o cliente, caso seja necessário.

- Material de apoio ao trabalho, álcool-gel, música etc.

Preparação do espaço

Antes do início de uma sessão de Reiki, verificar as condições do seu espaço:

- Limpeza física.

- Limpeza energética.

- Aspecto.

- Conforto e acolhimento.

Esses pontos ajudam a criar um espaço próprio para a terapia que será realizada. Não devemos esquecer que Reiki, enquanto terapia, tem uma vertente holística e é baseada nos conceitos de energia e, como tal, tudo deve ter um cuidado redobrado para que a pessoa encontre um local limpo e harmonioso para o seu tratamento.

6.3 A PRÁTICA

Esse é o momento da aplicação do Reiki na pessoa. Antes de começar, verifique se você está bem e como será a aplicação na pessoa. É importante que você seja flexível nesse momento. Lembrando que NÃO É NECESSÁRIO TIRAR A ROUPA.

Converse com o cliente e peça a permissão dele para a aplicação. Oriente-o onde irão acontecer as aplicações, se é um ponto que haverá toque ou não. Em qualquer sessão, ficará ao seu critério quais serão as melhores técnicas para serem usadas naquele atendimento. Importante verificar:

- Se os canais energéticos estão totalmente desbloqueados.

- Se os chacras estão alinhados (caso use sob essa perspectiva).

- Se conseguiram atingir os objetivos propostos no começo da terapia.

Deixe a pessoa usufruir dos momentos finais da terapia e depois toque sutilmente no ombro ou a chame em voz baixa. Peça que se mantenha deitada enquanto busca água ou chá. Auxilie para que ela se levante e respire profundamente.

6.3.1 A postura do terapeuta

A atitude interna ou externa tem um papel importante nos tratamentos. A qualidade irá depender igualmente de como estamos no momento em que tratamos alguém. Como diria Mikao Usui, não podem tratar aos outros se antes não tratamos a nós mesmos.

Importante é ser uno consigo mesmo, que haja harmonia e equilíbrio entre mente e coração, para que isso se reflita no corpo, na postura e na atitude. Devemos agir sem apegos nem desejo, sem julgamento, com a mente e o coração compassivos, como fatores que auxiliam a mudança.

Quando estamos no caminho do aperfeiçoamento entendemos que não podemos usar ego e desejo. A energia que passará por nós para tratar o outro deve ser limpa de vontades pessoais. Também devemos evitar julgamentos e colocar compaixão em cada aplicação que realizar.

Sem apego ou desejo

Não curamos ninguém! Quem cura é a energia vinda do Reiki. Somos apenas um canal pelo qual ela passa. Quando nos colocamos na postura de curadores, o apego e o desejo ficam intrínsecos na aplicação e isso acaba por desvirtuar a verdadeira ação do Reiki. As nossas vontades são fugacidades que o Reiki não pode carregar. A energia de cura sabe exatamente o que é preciso, sem a deturpação daquilo que achamos necessário. Lembre-se: somos apenas facilitadores.

Os cinco princípios novamente aparecem para nos lembrar qual o rumo correto do Reiki. O julgamento não é necessário aqui. Aliás, ele deve ser considerado nocivo nos tratamentos. Quando julgamos alguém acabamos por condicionar o fluxo correto da energia e realizar a troca energética.

Compaixão. Palavra que deve nos acompanhar em todos os momentos como reikianos. Ela também nos ajuda como um escudo protetor, para que a energia da pessoa não se misture à nossa. No atendimento a outros, a tristeza, a frustação e os preconceitos devem ficar longe.

Antes da primeira sessão e entre cada sessão de Reiki deve haver um tempo para se preparar. Para isso é necessário verificar as seguintes sugestões:

- Sentir como está, e se não estiver em condições para realizar uma consulta, desmarcar. Eticamente, é obrigatório esse respeito em relação a você e a os outros.

- Hidratar-se.

- Realizar a limpeza física.

- Realizar a limpeza energética (por exemplo, enraizamento, banho seco, chuva de Reiki).

- Sentir como está e, acima de tudo, verificar se está com uma atitude objetiva, desapegada, com mente limpa e coração predisposto.

6.3.2 Como explicar o Reiki

O Reiki é uma terapia integrativa, originária do Japão, que foi desenvolvida por Mikao Usui. Promove relaxamento, equilíbrio e harmonização, visando ao bem-estar físico, emocional e mental. Ele possui uma perspectiva holística, ou seja, olha para o ser humano como um todo, com dimensões físicas, emocionais, mentais e energéticas.

Pode ser utilizado como filosofia de vida, principalmente por seus cinco princípios. A energia vital, aquela que dá vida a todo o Universo, é a sua base. Essa energia vital também é conhecida como Ki.

Esclarecimentos ao receptor

- O que é Reiki?

- Como ocorre da sessão?

- Quanto tempo dura?

- Quantas sessões são necessárias?

- Qual significado das sensações que o receptor teve durante a aplicação?

- Como deve ser a rotina entre as sessões?

- Pode-se aprender Reiki?

6.3.3 Adotar um protocolo

Todos sabem que a prática de Reiki é simples, mas isso não faz da terapia algo simplista ou comum. A aplicação de Reiki a terceiros requer do reikiano um determinado conhecimento do uso adequado das técnicas de tratamento, ou seja, em primeiro lugar precisa saber o que precisa e vai fazer.

Depois, *passo a passo* (um protocolo), que pode variar bastante de praticante para praticante, mas que, no fundo, todos realizam de alguma forma. Alguns formalmente, outros informalmente. Inicialmente, a maioria dos terapeutas se utiliza de um padrão baseado nas posturas básicas sugeridas pelo Mestre Chujiro Hayashi.

Entretanto, uma sessão de Reiki envolve todo um processo terapêutico que se inicia mesmo antes do usuário/cliente estar presente. Para que o Reiki seja cada vez mais reconhecido como prática terapêutica, é necessário que também os reikianos tenham uma postura isenta, rigorosa e estável nos princípios da prática.

Depois, o aprimoramento de suas práticas vai lapidando sua forma de trabalhar, sutilizando e compreendendo a manifestação da energia, tornando o fluxo mais potente e eficiente.

Humanização do atendimento na terapia reiki

O atendimento é uma das fases da consulta ou sessão. É o momento de ouvir com cuidado, pois conversaremos com o cliente para entender os motivos que o levaram ali. Por isso, é de suma importância que sejamos humanos e compassivos.

Saber a técnica é essencial, mas estar atento a todos os detalhes pode ser o diferencial entre um bom atendimento e um atendimento de excelência. Levando isso em consideração, podemos identificar os seguintes pontos:

- Questionar sobre o conhecimento da pessoa acerca do Reiki e mostrar a nossa perspectiva.

- Identificar claramente o âmbito terapêutico e explicar que não existem promessas de cura.

- Explicar sobre o sigilo ético.

- Obter dados pessoais e o motivo por ter procurado o Reiki.

- Compreender a vida e a forma de estar da pessoa.

- Identificar outras questões de saúde e o acompanhamento médico da pessoa.

- Compreender a escala de dor do cliente.

- Estabelecer o objetivo da sessão.

6.4 PASSO A PASSO DE UM ATENDIMENTO REIKI

6.4.1 Recepção/entrevista

Antes de tudo, deve-se ter atenção ao seu equilíbrio e à limpeza energética, como também do ambiente onde fará o atendimento. São cinco momentos do atendimento:

- Recepção.

- Entrevista/Conversa.

- Prática.

- Avaliação.

- Encerramento.

Recepção

Consiste no momento que irá receber a pessoa no seu espaço, onde terão o primeiro contato presencial. A tranquilidade e a segurança da sua voz, sua aparência, seu equilíbrio energético e a organização do seu espaço são condições que auxiliarão a pessoa a relaxar e entregar-se à terapia. A empatia é o caminho para o conhecimento humano, para ter relações interpessoais de sucesso.

A entrevista

Nesta fase de todo o encontro terapêutico, captamos as informações relevantes sobre a pessoa. A ficha de paciente é algo de importante, pois ajuda a manter um histórico da pessoa e, acima de tudo, a compreender o motivo da procura de

Reiki e quais os objetivos a atingir, que poderão ser validados ao final da sessão.

Durante a entrevista você vai obter os dados que lhe permitirão ter acesso ao histórico da pessoa, conforme ela vai relatando seus problemas. O preenchimento de uma ficha do cliente permitirá que se mantenha em sigilo os dados do atendimento, evolução do estado de saúde e outras informações que julgar necessárias.

As perguntas devem ser realizadas de forma direta e objetiva, para depois praticar a escuta terapêutica. É natural que a pessoa não se prolongue nas respostas ou não demonstre grande abertura. Nunca devemos forçar respostas, pois isso pode inibir ainda mais o cliente. Nesse momento é importante perceber qual o nível de conhecimento da pessoa sobre o Reiki e explicar a pessoa como se dará o atendimento.

Durante a conversa deve-se estabelecer os objetivos para a sessão. Os objetivos poderão mudar no final ou mesmo durante a entrevista, ficando à escolha do cliente. O estabelecimento de objetivos vai ajudar a ter uma orientação sobre aquele cliente, para poder medir os pequenos sucessos e pensar nos próximos passos.

Antes de iniciar a aplicação de Reiki, observa-se esta lista:

- Explicar à pessoa o que se irá ou poderá passar na sua sessão de Reiki.

- Explicar e exemplificar onde irá tocar na pessoa ou mesmo colocar as mãos sem toque, pois isso dará a ela mais confiança e tranquilidade.

- Explicar que poderá utilizar outras posições, mas sem tocar em partes íntimas.

- Não é necessário retirar a roupa (totalmente fora de questão), eventualmente, retirar um cinto que aperte ou algum acessório que aperte o corpo. Colocar tudo num local onde a pessoa não se esqueça deles.

- Pedir para a pessoa auxiliar nesse processo de terapêutico, libertar-se dos seus pesos, permitir que algo de bom entre para ela (na verdade, ela é auxiliar no seu próprio processo de transformação).

- Alguns terapeutas realizam a sessão ao longo de várias posições na frente e nas costas, seguindo um protocolo de posições base indicadas pelos primeiros Mestres desse Método de Cura Natural – Usui, Hayashi, Takata.

- No entanto, tais posições poderão não ser as mais eficientes ou as que realmente servirão para o tratamento.

- Seguir essas posições básicas indica o tratamento da cabeça, principais centros energéticos, articulações e órgãos vitais. Reiki não é uma medicina, por isso o nosso foco nunca é uma questão médica, mas, sim energética.

6.4.2 O fecho da sessão

Mesmo que o terapeuta sinta que deva realizar mais sessões (deve ser polido ao sugerir, mas a decisão cabe ao cliente), o fecho da sessão é realizado com uma conversa, para verificar o cumprimento dos objetivos daquela sessão e da forma como a pessoa está. É importante dedicar um tempo para ouvir o cliente, uma avaliação de como se sente e se há alguma dúvida.

A marcação ou não de novas sessões posteriores fica a critério da pessoa e da sugestão que o terapeuta sentir de todo o processo. Geralmente, quando se tratar de uma situação mais grave, recomenda-se até três ou quatro sessões.

No Reiki não existe algo como marcar 5, 10, 20 ou mais sessões, que levarão a um determinado resultado. Ainda é possível considerar enviar uma mensagem ou fazer contato para ver como cliente se sente um ou dois dias após.

É sempre sábio sugerir a hidratação, pois a passagem de energia desidrata um pouco, o que pode ser visível pelos lábios secos e, em alguns casos, até mesmo a pele. Conforme o caso é possível sugerir observação de conduta e trabalhar os princípios que podem auxiliar. Se souber levar os atendimentos com humanidade e compaixão, seguindo os cinco princípios, sem dúvida estará ajudando o cliente e cumprindo o seu papel.

Os eventuais conselhos serão fruto da experiência do profissional e poderão auxiliar no percurso terapêutico da pessoa. Evitar situações como "promessas de cura", que são totalmente proibitivas.

Há que haver uma responsabilidade no seu próprio processo de cura. Reiki não é apenas para alívio da dor. Pode auxiliar no processo terapêutico, que leva à harmonização de todo o sistema pessoal de saúde.

6.4.3 Após a consulta/avaliação

Caso o terapeuta Reiki considerar adequado, pode enviar uma mensagem ao cliente para saber como está se sentindo e conversar um pouco a respeito. Mas alguns cuidados devem ser mantidos, como os descritos a seguir:

- Não deixe que a comunicação objetiva se torne uma comunicação informal e frequente.

- Atenção ao tempo de resposta. Se o cliente for uma pessoa ansiosa e você responder muito rápido, nas próximas vezes ele sentirá que as respostas obrigatoriamente virão na mesma velocidade.

- Também não demore muito a responder, porque a pessoa pode se sentir deixada de lado.

- Cuidado com o hábito de responder tudo por WhatsApp ou e-mail. Isso pode se tornar uma brecha para que a pessoa entenda que está tratando o problema e que mais sessões não serão necessárias.

- Cuidado com a empatia exagerada. É importante lembrar que existe uma objetividade no relacionamento profissional.

No fim da sessão podemos perguntar:

- Como a pessoa se sente, no geral, após a sessão e tendo em conta o objetivo que estabelecido.

- Como está a escala de dor da pessoa nesse momento.

- Identificar a necessidade ou não de próximas sessões.

Se o terapeuta souber levar todo esse atendimento com humanidade e compaixão, seguindo os cinco princípios, estará não só ajudando a pessoa no processo terapêutico, mas também a suportar emocional e mentalmente seus problemas.

6.4.4 Avaliação

Após a prática do Reiki é importante dedicar um tempo para ouvir o cliente, compreender como foi a sessão para a pessoa, o que ela sentiu, se obteve melhora na escala da dor. Perguntar se existe alguma dúvida e responder somente se estiver certo em relação à resposta. Caso contrário, conversar com seu Mestre Reiki e pedir orientação, se for o caso.

Tratamento em conjunto

Quando o cliente se encontra num estado energético muito debilitante, pode ser muito positivo receber Reiki de várias pessoas ao mesmo tempo. Exemplo: um grupo de quatro a seis pessoas ou quantas forem viáveis no momento, aplicam conjuntamente o tratamento, o que resulta positivamente. O cliente estará recebendo uma quantidade de Reiki que se multiplica por cada minuto atendido pelo número de praticantes.

7

ORIENTAÇÕES AO FUTURO TERAPEUTA

- *Se você é reikiano e está pensando em usar o Reiki como terapia.*

- *Não use o Reiki para substituir o tratamento convencional ou adiar o tratamento convencional. Vá conversar com um médico sobre um problema de saúde.*

- *Esteja ciente de que o Reiki não tem sido exaustivamente estudado cientificamente.*

- *Diga a todos os seus prestadores de serviços em cuidados de saúde sobre quaisquer abordagens complementares de saúde que você usa. Dê-lhes uma visão completa do que você faz para gerenciar sua saúde. Isso ajudará a garantir assistência coordenada e segura.*

- *Para dicas sobre como falar com seus prestadores de cuidados de saúde sobre abordagens complementares de saúde, consulte um Mestre Reiki devidamente credenciado. (ver capítulo sobre terapia e terapeutas).*

7.1 PERGUNTAS E RESPOSTAS SOBRE O CAMINHO TERAPÊUTICO

Seguem perguntas e respostas que poderão ajudar nos atendimentos.

1. Quantas sessões de Reiki posso realizar num mesmo cliente?

   Depende de caso a caso. Há pessoas que com apenas uma sessão já conseguem resolver a questão e outras que precisam receber Reiki uma vez por semana, durante um longo período de tempo.

2. Como dizer quantas sessões uma pessoa deverá fazer?

   Em primeiro lugar, estude o caso da pessoa. Depois, explique com sinceridade o motivo de determinado número de sessões. Converse sobre a questão financeira, para que não pese tanto no bolso do cliente e ele possa realizar as sessões necessárias para o tratamento adequado.

3. Posso fazer sessões em dias seguidos ou como deverei distribuir as consultas?

   Se você sentir que é isso que a pessoa necessita, sim. Há casos em que é necessário fazer a terapia todos os dias e em outros que ela deverá ser bem espaçada, para que a pessoa possa se tornar consciente do processo terapêutico.

4. Devo ter meus certificados emoldurados na parede?

   Caso você se sinta confortável com isso, sim. Mas lembre-se sempre de mostrar sua linhagem e honrar os ensinamentos do Mestre Mikao Usui.

5. Por que demora a surgir a cura?

Nem todas as pessoas têm condições necessárias para a cura. Além disso, pode-se estar tratando de um efeito e não da causa em si. Há também situações que são incuráveis mesmo. É importante saber que tudo tem o seu tempo, pois o Reiki não faz milagres, ele auxilia as pessoas no processo de cura.

6. Quem pode receber Reiki?

Tudo pode receber Reiki: objetos, pessoas, animais e plantas.

7. Meu cliente tem medo de receber Reiki, pois começa a ver além da visão.

Trata-se de um processo natural e precisa ser desmistificado. Há pessoas que são muito mais sensíveis à percepção e conseguem ter um entendimento da energia que as rodeia. Podem, por exemplo, ver cores no momento da aplicação. Isso faz parte do processo energético, que pode sensibilizar a pessoa e ajudá-la a compreender melhor seu interior.

8. Fiz a aplicação de Reiki na pessoa e ela se sentiu melhor. Esse efeito durou um tempo, mas depois a pessoa voltou com os velhos problemas. Por quê?

Isso está relacionado com as condições da pessoa, seu organismo e sua forma de se relacionar com o todo. Importante observar se está sendo tratada a verdadeira causa e não somente seu efeito.

9. A partir de que idade a criança pode receber Reiki?

A prática do Reiki pode começar antes da concepção, pois o Reiki é benéfico em qualquer idade.

10. As grávidas podem receber Reiki? Nesse caso, o Reiki vai só para a mãe ou o bebê também recebe?

Na grande maioria das vezes será a mãe que receberá, pois é ela quem precisa de energia para gerar todos os nutrientes e todas as outras coisas necessárias à criança.

11. As grávidas precisam se deitar para receber o Reiki?

Não. Elas precisam estar na maneira mais confortável para elas. Nesse caso, o terapeuta terá que se adaptar a situação.

12. Devo aplicar Reiki em idosos? Ele pode despertar emoções esquecidas?

Sim, você pode aplicar Reiki em idosos e pode ser que velhas emoções voltem para o idoso. Por esse motivo é bom conversar com ele no início, avisando que a frequência será de grande valia.

13. Quando trato uma criança, devo tratar também os pais?

Sem dúvida, pois eles constituem uma família e muito possivelmente farão parte do problema ou apresentarão um grande desgaste com a questão a ser tratada.

14. Posso fazer Reiki numa queimadura? Ele não é quente?

Pode, mas são necessários alguns cuidados. A energia poderá fluir "quente" para a pessoa, por isso indicamos que se comece a aplicação pelas extremidades, até chegar ao centro da queimadura, deixando a mão do terapeuta um pouco mais longe do que o normal.

15. **Sinto que a pessoa precisa realizar outros tratamentos além do Reiki. Como posso avisá-la?**

Essa perspectiva dá uma noção de que as pessoas precisam olhar de forma integral para o corpo/mente/alma. Indique o que julgar necessário, cuidando para não misturar religião e fé com o atendimento.

16. **Senti a energia do cliente subindo pelas minhas mãos, o que devo fazer?**

Deve retirar rapidamente a mão e sacudi-la. Concentre-se novamente no Reiki e sinta a energia fluindo do seu braço até sua mão. Caso sinta resistência no fluxo energético, imagine um chokurei indo da sua cabeça até sair na sua mão.

17. **Coloquei a mão sobre o umbigo e a pessoa começou a chorar. Por quê?**

Foi uma reação à desintoxicação. Talvez você tenha feito alguma técnica de desintoxicação e a pessoa poderia ter situações para se libertar. Mas é sempre bom ter muito cuidado e calma em situações emocionais.

18. **Existe alguma forma ideal de posicionar as mãos durante o atendimento?**

Aquela em que você se sentir melhor. Você irá desenvolvendo essa sensibilidade durante a prática.

19. **Posso aplicar Reiki estando menstruada?**

Sim, se estiver se sentindo bem. Caso esteja indisposta ou com dor de cabeça deverá realizar a aplicação quando estiver melhor.

20. Ando me sentindo deprimido e as coisas não têm dado muito certo para mim. Existe algum problema em atender nesse estado?

Sim. Não se deve realizar a aplicação de Reiki quando não se estiver se sentindo bem, pois isso poderá te afetar negativamente, assim como a pessoa que irá receber. É ideal procurar um amigo reikiano ou seu Mestre Reiki para que você possa receber o tratamento e logo que estiver se sentindo melhor pode retornar com as consultas.

21. Tenho apenas o nível 1, mas já me sinto pronto para aplicar o Reiki e, inclusive, já tenho uma sala para atendimento. Existe algum problema nisso?

Sim, infelizmente existe. O nível I é para o nosso próprio tratamento, no qual cuidamos das nossas emoções e energia. Sendo assim, o preparo para aplicar Reiki em terceiros não foi completado e o atendimento poderá ficar bastante vago. Antes de tratarmos os outros devemos cuidar de nós mesmos.

22. Aprendi num mês todos os níveis de Reiki. Como já tenho o terceiro nível, já posso ser profissional?

Importante lembrar que cada nível de Reiki exige um período de 21 dias de autotratamento. Sendo assim, num mês é impossível ter feito 63 dias de autotratamento. E onde, nesse período de um mês, você conseguiu aperfeiçoar sua técnica e ter certeza de que está no caminho certo? Dê tempo ao tempo.

23. Vejo espíritos nas pessoas que atendi. Como falo sobre isso?

Não fala. Essa questão é sua e não deverá compartilhá-la com seu cliente. Lembre-se de que o Reiki é uma terapia integrativa e nada tem de religião ou espiritismo.

24. Por que sinto dores nos dedos e na mão?

Você pode ter entrado em contato com uma energia densa de alguém ou algum lugar, que pode se manifestar nas articulações. Por isso realize o banho seco, lave as mãos e use álcool.

25. Ao aplicar Reiki num cliente costumo ficar com seus sintomas. Por que isso acontece?

Essa não é uma situação característica do Reiki. Pode ter acontecido uma empatia energética e isso significa que a energia da doença pode estar te mostrando o local correto para o tratamento. É importante treinar o desapego. Essa não é minha energia, é apenas uma orientação do local onde devo colocar a mão.

26. Por que fico cansado depois de aplicar Reiki em algumas pessoas?

Ele pode ser provocado por posturas exigidas durante a aplicação ou ser originário numa troca energética muito rápida e intensa, durante um tempo prolongado. Pode ser por uma energia densa do cliente ou um espelho das suas próprias emoções, que podem levar a sentir além do cansaço mental, o cansaço físico.

27. Em alguns momentos sinto que vou perder a consciência. Por que isso acontece?

Poderá sentir isso com certa frequência nos chacras inferiores, mas pode ocorrer em outros momentos. Isso pode significar que as questões que estão sendo trabalhadas na pessoa sejam profundas e que isso também seja exigido de você. É preciso ter cuidado. Faça o enraizamento e respire mais profundamente, pois é muito importante você estar consciente de todo o processo.

28. Quanto tempo preciso praticar Reiki para me tornar um profissional?

Não é uma questão de tempo, mas de assiduidade, tempo e dedicação. Quanto mais você se empenhar em cuidar do outro, mais perceberá que chegou o momento correto.

29. Posso ser um terapeuta e não cobrar?

Pode sim, essa é uma opção sua. Não se pode criticar um terapeuta que não quer cobrar.

30. Devo convencer determinada pessoa a receber Reiki?

A pessoa precisa querer por ela própria. Você até pode convencê-la a aceitar, mas ela não receberá o Reiki, infelizmente. Como já foi dito anteriormente, o Reiki é uma terapia em que a cura também parte do cliente.

7.2 ÉTICA NO REIKI

Uma sugestão (comentada), uma semente para ser aperfeiçoada, ilustrando princípios que guiam ou deveriam guiar a prática do Reiki como um sistema bioenergético de harmonização integral para o trabalho profissional e pessoal dos iniciados em Reiki.

1. *Honrar com toda a capacidade moral, intelectual e espiritual a linhagem do Reiki e procurar a cada dia o aperfeiçoamento e a prática dos princípios do Reiki.*

   Ao trabalhar com Reiki não se brinca com o poder da energia sobre a qual não temos o poder de sobrepor o sagrado – o que é algo bem diferente de religiosidade ou domínio de poder, pois tudo é energia e *"tudo é sagrado e por isso o universo é muito ético"*,[21] precisa haver responsabilidade.

2. *Jamais prejudicar intencionalmente qualquer ser vivo, qualquer forma de vida. Religião, raça, cor, status social e preferência sexual jamais serão requisitos ou pré-requisitos para qualquer atividade pessoal e profissional.*

   É ético saber respeitar a diversidade da sociedade atual. Discriminar é repetir a história, que já deu exemplos suficientes para se saber que os seres humanos devem aprender a se expressar com dignidade e respeito sem preconceitos.

3. *Promover a consciência da cura, da saúde e do bem-estar dos familiares, clientes, meio ambiente e dos espaços físicos.*

   Aqui prevalece mais uma vez o respeito à técnica, aos alunos, aos clientes, à hierarquia das coisas, à linhagem à qual se pertence, aos símbolos do Reiki e, principalmente, a si mesmo e aos semelhantes, à natureza e ao meio em que se vive.

---

[21] JOACIR, José. *Fundamentos do Reiki*. São Paulo: All Print, 2015.

4. *Respeitar a dignidade de todo ser humano com os quais trabalhar e relacionar profissionalmente. Ser direto e objetivo nas relações profissionais e agir com integridade quando interagir com outros profissionais, mesmo se houver discordâncias.*

   Há um ditado oriental que diz: quem não respeita não é respeitado pelo universo. Então agir com honestidade, sem ganância, fazer o trabalho corretamente, orientar os alunos e clientes não somente durante a sessão ou curso, porque as falhas e distorções respingam nos seus autores.

5. *Promover os serviços para os quais está treinado, capacitado e credenciado e manter os níveis mais altos das capacidades de forma a cumprir com os pré-requisitos legais, éticos e espirituais da profissão e suas práticas, dentro dos limites.*

   Saiba que a "lei de Gerson" – levar vantagem em tudo – está obsoleta, caducou. Um reikiano hoje ou trabalha para o bem ou sai de cena, pois o universo não negocia com moedas. Aqui nenhum reikiano deve trabalhar com energias do lado escuro da força para barganhar poder.

6. *Jamais invadir os limites físicos, mentais, emocionais e espirituais do cliente e promover sempre o melhor ambiente possível para as práticas;*

   A lei do karma é incontestável: toda ação gera uma reação, e todos sabem que se colhe o que planta. Existe sincronia no Universo e cada um recebe aquilo com que está em sintonia, com generosidade, de acordo com o coração e as ações.

7. *Defender a profissão contra injustiças, criticismos, vandalismos, falsificações, exploração, assim como defender colegas da maldade e das injustiças, venha de onde vier.*

Aqui o conceito não é vestir armaduras e sair em busca de justiça, isso cabe a outro departamento. Contudo é ter a clareza de saber separar o "joio do trigo" e não se deixar "cair em tentação", esclarecer quando necessário e primar por ser perfeito e honesto, sem misturar prosperidade com "pecado" e "ganância", não misturar a vida pessoal com a profissão, nem transferir para outros os problemas que são seus.

8. *Procurar sempre expandir o leque de conhecimentos, mesmo que para isso tenha que refazer conceitos e treinamentos.*

Ler muito, buscar livros recomendados, pois há muita coisa errada que nada tem a ver com Reiki. Fazer cursos de aprimoramento, reciclagens, voluntariado etc. Já os Mestres devem transmitir os ensinamentos de mão em mão, tal como lhes foi ensinado

9. *Respeitar colegas como a si mesmo e todos os princípios que regem a Terapia Reiki, cuja raiz de conhecimento vem do Oriente, por meio do Mestre Mikao Usui.*

Reiki é original do Japão e dessa raiz não podemos nos ausentar, nem modificar, excluir ou acrescentar. Nenhum reikiano vende ou compra gato por lebre nem precisa reinventar a roda.

10. *Promover o sigilo profissional do consultório, do ambiente de trabalho e dos interesses individuais e dos clientes.*

Tal como outras terapias, medicina ou como no jornalismo e advocacia, o terapeuta reiki não deve descuidar-se desse aspecto; deve saber que sua liberdade termina onde começa a do outros; deve respeitar o livre-arbítrio e não causar qualquer tipo de invasão aos direitos e/ou deveres de outros.

11. *Colocar a honestidade como base e parâmetro de qualquer comparação diante das atividades profissionais e pessoais.*

Isso é o que em essência significa o quarto princípio do Reiki. Assim como cada pessoa tem sua parcela de direitos, deveres e responsabilidade no Universo, um aluno escolhe seu Mestre e tem o direito de questionar sua linhagem. Assim, um Mestre tem o direito de recusar um aluno. Ou seja, trabalhar com amor e deixar o Universo trabalhar a seu favor.

7.3 GLOSSÁRIO DE TERMOS JAPONESES

Anshin Ritsumei: estado em que a mente está em plena de paz, tranquilidade e alegria. Sinônimo de Daianshin.

Byosen: vibrações negativas emitidas por uma parte enferma do corpo. Sinônimo de Hibiki.

Chujiro Hayashi: um dos alunos de Usui Sensei, considerado pai do Reiki Ocidental.

Daianshin: estado em que a mente está plena de paz, tranquilidade e alegria. Sinônimo de Anshin Ritsumei.

Denju: transmissão de conhecimento.

Doi, Hiroshi: fundador de Gendai Reiki Ho, membro de Usui Reiki Ryoho Gakkai.

Gakkai: o nome familiar da escola de Usui Reiki Ryoho Gakkai.

Gassho: mãos unidas, palma com palma, na altura do coração, postura de oração.

Gokai: os cinco princípios do Reiki criados pelo Mestre Mikao Usui.

Gokukaiden: nível mais alto de Gendai Reiki Ho (grau de Mestre).

Gyoshi-ho: tratamento que consiste na técnica do olhar sobre a parte enferma do corpo.

Hawayo H. Takata: aluna de Chujiro Hayashi, Mestre Reiki Ocidental.

Hibiki: energia negativa emitida por uma parte do corpo que está enferma.

Ho: método/técnica. Também pode ser definido em relação a símbolos em Reiki Ryoho tradicional.

Linhagem: a linha que indica aqueles que herdaram a energia e o conhecimento do Reiki. Identifica quem foi o seu Mestre e o Mestre do seu Mestre, até chegar à origem.

Ki: chi, energia invisível.

Koki-ho: sopro vital, tratamento que consiste em soprar sobre a parte afetada.

Okuden: segundo nível de Gendai Reiki Ho.

Reiji-ho: técnica para desenvolver a intuição na qual as mãos são guiadas para onde se necessita do Reiki.

Reiju: técnica do Mestre para promover o fluxo de energia Reiki; forma original de sintonia empregada no tempo do Mestre Mikao Usui e utilizada até hoje.

Reiju kai: prática de Reiju quando há apenas um Shihan nos encontros de Reiki.

Reiki: energia universal da mais alta dimensão.

Reiki tradicional japonês: denominação dada ao Reiki original e que ainda é mantida em Usui Reiki Ryoho Gakkai.

Sei-heki: kotodama de um dos símbolos do segundo nível do Reiki atual.

Sensei: Mestre, professor.

Shihan: termo que significa Mestre, utilizado em Usui Reiki Ryoho Gakkai e em Gendai Reiki Ho.

Shinpiden: terceiro nível de Gendai Reiki Ho.

Shoden: nível básico de Usui Reiki Ryoho. Primeiro nível do Gendai Reiki Ho.

Shuyokai: sessão de treinamento e prática Reiki nos tempos em que o Mestre Mikao Usui os dirigia e mantido ainda hoje. Também conhecido como encontro de alunos com seu Mestre.

POSFÁCIO

Inúmeras e fascinantes descobertas foram feitas nos últimos anos no Japão sobre o Reiki de Usui Sensei, remetendo-nos novamente ao Oriente, varrendo vários mitos e falsas ideias que, infelizmente, percebemos serem ainda hoje praticadas.

Nesse contexto, sem dúvida, a descoberta mais importante se relaciona à compreensão contemporânea que evolui olhando o Reiki como **técnica e prática de um caminho de evolução e crescimento pessoal** do praticante bem como de uma terapia que integra e complementa a medicina e outras terapias em benefício do ser humano.

As práticas do Reiki **são muito importantes por melhorarem** os resultados dos tratamentos, criando uma conexão mais forte com o "espírito do Reiki", dando-nos uma orientação mais clara para a vida. São para que o aluno tenha uma caixa de ferramentas para usar quando necessitar para si e para outros seres, quando for o caso. Ainda assim são apenas meios auxiliares, instrumentos que alguém utiliza, ou seja, não se trata só delas e não devem ser confundidas com o essencial: o SER.

Antes de sermos terapeutas somos praticantes dos ensinamentos, e temos a consciência da importância dos cinco princípios em nossas vidas, e para estar bem para os outros precisamos estar bem com nós mesmos.

Perceber que somos praticantes de Reiki não nos impede de adoecer, mas nos ajuda a tomar consciência de nossa humanidade e fragilidade, pois, muitas vezes, uma doença está indicando o caminho que devemos tomar para compreender melhor os outros e a nós mesmos.

Em suma, o terapeuta Reiki não é aquele que utiliza todas as ferramentas, técnicas ou práticas de Reiki. É, também, aquele que trabalha com o coração, Kokoro, como dizem os japoneses, pois cada pessoa que está à frente de um terapeuta Reiki merece todo respeito e amor.

Sei que ao longo da caminhada surgem muitas dúvidas e inseguranças. São desafios normais que surgem e nem sempre é facil encontrar quem possa nos orientar. É nessa hora que precisamos consultar nossos Mestres, trocar ideias com os colegas, buscar aprofundar nossa prática.

Nem de longe temos a pretensão de imaginar que um livro possa trazer todas as informações de que necessitamos, mas tenha certeza, sempre poderá ajudar a abrir a mente para que a solução surja de dentro de cada um.

Sou grato a você, que leu até aqui, e ficarei feliz em receber seu parecer, observações ou esclarecer alguma dúvida. Escreva para meu e-mail: whmick@hotmail.com

Sites: https://www.facebook.com/waltermick e/ou www.gendaireikiho.com.br

Sensei /Shihan Walter H. Mick.

REFERÊNCIAS

JOSÉ JOACIR. *Um código de ética para terapeutas e Mestres Reiki.* Disponível em: AMETEREIKI. Associação de Mestres e Terapeutas Reiki <www.mestres.org>. Acesso em: 31 ago. 2018. www.amete-Reiki.com.br, visitado em julho de 2017.

DOI, Hiroshi. *Apostilas Oficiais de Gendai Reiki Ho* - Níveis 1, 2, 3, 4. Tradução para espanhol de Rika Saruhashi, 2014. Tradução para Português - Brasil de Walter H. Mick, Curitiba: 2015.

_____. *Método moderno para lacuración.* Título original em japonês – *Iyashi no Gendai Reiki Ho.* Tradução para espanhol de Hida Fumiko. 2. ed. Buenos Aires: Uriel Ediciones, 2002.

_____. *Gendai Reiki Ho el espíritu del Usui Sensei y la verdad sobre el Reiki Tradicional.* Tradução de Rika Saruhashi e Claudio R. Oyaneder. 1. ed. Madrid-Es: Reikiavik Ediciones, 2015.

DOS SANTOS, José Joacir. *Fundamentos da terapia Reiki.* São Paulo: All Print Editora, 2015.

LÜBECK, Walter; PETER Arjava; RAND, William;. *El Espírito del Reiki.* 1. Ed. Buenos Aires: Uriel Ediciones, 2077. p. 106.

MAGALHÃES, João. *Reiki - Guia do Método de Cura.* 1. ed. Amadora-Portugal: Nascente, 2017.

_____. *Reiki - Guia para uma Vida Feliz.* 1. ed. Amadora-Portugal: Nascente, 2015.

MICK, Walter H. *Reiki sem mitos.* 2. ed. Curitiba: Mérito, 2017.

PETTER, F. Arjava. *Isto é Reiki.* Tradução de Flavio Quintilliano. São Paulo: Pensamento, 2013.